CONFIANÇA

Osho

CONFIANÇA

A Arte de se Entregar à Vida e Confiar em Si Mesmo

Tradução
Denise de Carvalho Rocha

**Editora
Cultrix**
SÃO PAULO

Título original: *Trust – Living your Life Spontaneously and Open.*

Copyright © 2016 Osho International Foundation, Suíça, www.osho.com/copyrights.

Copyright da edição brasileira © 2016 Editora Pensamento-Cultrix Ltda.

Texto de acordo com as novas regras ortográficas da língua portuguesa.

1ª edição 2016.

3ª reimpressão 2020.

Editor: Adilson Silva Ramachandra
Editora de texto: Denise de Carvalho Rocha
Gerente editorial: Roseli de S. Ferraz
Produção editorial: Indiara Faria Kayo
Editoração eletrônica: Join Bureau
Revisão: Vivian Miwa Matsushita

Dados Internacionais de Catalogação na Publicação (CIP)
(Câmara Brasileira do Livro, SP, Brasil)

Osho, 1931-1990.
    Confiança : a arte de se entregar à vida e confiar em si mesmo / Osho ; [tradução Denise de Carvalho Rocha]. – São Paulo : Cultrix, 2016.

    Título original: Trust.
    ISBN 978-85-316-1371-5

    1. Autoajuda – Aspectos religiosos 2. Confiança 3. Osho – Ensinamentos 4. Realização pessoal I. Título.

16.07716   CDD-299.93

Índices para catálogo sistemático:
    1. Confiança : Ensinamentos de Osho : Religiões de natureza universal   299.93

Direitos de tradução para o Brasil adquiridos com exclusividade pela
EDITORA PENSAMENTO-CULTRIX LTDA., que se reserva a
propriedade literária desta tradução.
Rua Dr. Mário Vicente, 368 – 04270-000 – São Paulo – SP
Fone: (11) 2066-9000
http://www.editoracultrix.com.br
E-mail: atendimento@editoracultrix.com.br
Foi feito o depósito legal.

Introdução

Você já viu algum daqueles documentários sobre as origens do planeta Terra, cerca de quatro mil e quinhentos bilhões de anos atrás? Trata-se da história surpreendente de uma bola de fogo que enfrentou uma enorme colisão planetária, depois bombardeios de meteoritos, a chegada de literalmente oceanos de água, o surgimento de organismos vivos primitivos, perturbações climáticas desde os períodos de glaciação até o caos vulcânico, a oxigenação do planeta... E, por fim, depois de cerca de quatro bilhões de anos, os primeiros seres rastejantes surgiram nos oceanos... Foi preciso mais 500 milhões de anos de tentativa e erro para conseguir dar a você a oportunidade de ler este livro – sobre Confiança!

Sim, demorou um tempinho para que você e este livro se encontrassem – o que é um mero reflexo do processo extraordinariamente intrincado que há por trás desse encontro –, como uma tapeçaria de incontáveis formas de vida evoluindo até formar um todo orgânico, no qual você pode se sentir em casa.

Alimentos, água, ar, energia e materiais valiosos existem ao nosso redor. Você foi convidado para o que pode ser o jogo mais incrível de todo o universo, algo chamado "vida", cercado de abundância.

Então qual é o problema: por que a "confiança" é um problema? Como Osho diz, "Por que você não consegue confiar? Toda a existência confia. As árvores nunca ficam neuróticas, os pássaros e os animais nunca ficam psicóticos..."

Então o que está acontecendo? Somos a mais abençoada das criaturas, que reage a essa dádiva incrível da existência desperdiçando grandes doses de energia atacando uns aos outros e a este belo planeta de um modo que nenhuma outra forma de vida faz.

Aqui está a peça que faltava no quebra-cabeça. Primeiro, levou algumas centenas de milhões de anos para que formas de vida unicelulares surgissem, e depois mais alguns bilhões de anos de evolução biológica para que animais e árvores dessem o ar da graça.

Até este ponto, toda a vida é pré-programada para saber como viver. Então, meras centenas de milhares anos atrás, nós chegamos. Como Osho explica, antes da chegada da nossa espécie, "A nenhum outro animal foi concedida a dádiva de ser livre, cada animal já recebe um programa fixo. Todos os animais são programados, exceto o homem. Um cão é obrigado a ser um cão e para sempre um cão; nada mais é possível, não há liberdade. Ele é programado, tudo está embutido dentro dele. O projeto está lá, ele vai simplesmente seguir o projeto: vai ser um cão. Não há escolha para ele, não existem alternativas. Ele é uma entidade absolutamente imutável".

Com o homem, tudo muda. "A imensa dádiva da existência é a liberdade. Você é desprogramado, não tem um projeto. Você tem que criar a si mesmo, tem que ser autocriativo. Então, tudo depende de você: você pode se tornar um Buda, um Bahauddin, ou você pode se tornar um Adolf Hitler, um Mussolini. Pode se tornar um assassino ou um meditador. Pode se permitir ser um belo florescer da consciência ou pode se tornar um robô.

"Mas lembre-se, você é o responsável. Só você e mais ninguém."

Esse entendimento propicia um quadro completo do nosso lugar na história da vida. A evolução biológica nos levou até certo ponto – dali em diante cabe a nós realizar o nosso potencial como seres humanos e criar um mundo adequado para vivermos. Ao contrário de todos os processos evolucionários do passado, este próximo passo está em nossas mãos! Parece que nós, seres humanos, estamos diante de uma encruzilhada: ou mudamos a nós mesmos ou não há chance de acabarmos com a loucura que é este mundo de hoje.

Osho descreve o nosso dilema de maneira muito clara: "O ser humano está sempre em crise. O ser humano é uma crise... constante. Isso não é acidental, é essencial. O seu próprio ser consiste numa crise, daí a ansiedade, a tensão, a angústia. O ser humano é o único animal que cresce, que progride, que se torna alguma coisa. O ser humano é o único animal que não nasce completo, que não nasce fechado, que não nasce como uma coisa; ele nasce como um processo. O ser humano está em aberto. Seu ser consiste em se transformar – essa é a crise. Quanto mais ele se transforma mais ele é."

Osho continua a nos ajudar a desvendar a base subjacente a essa crise: "O inconsciente puxa você de volta para o mundo animal; puxa você para baixo, para trás. E o consciente está tentando puxá-lo para cima, para que fique mais consciente, porque a consciência tem lhe concedido muitas coisas. Sim, ela lhe deu a ansiedade, a tensão, a angústia, mas também lhe deu a música, a pintura, a poesia. E lhe deu uma dignidade que nenhum animal tem, a dignidade de ser consciente".

Claro, depois que você vê dessa maneira o que está acontecendo, isso faz todo sentido. Se a liberdade é o maior potencial da existência, então ela não pode ser apenas "concedida" a nós, como ganhamos nossos braços e pernas. Qualquer coisa que seja concedida também pode ser tirada, e nunca poderia ser a base da verdadeira liberdade. Ou vivemos como robôs, destruindo inconscientemente a nós mesmos, quem está à nossa volta e o mundo ao nosso redor, ou encaramos o desafio e aceitamos a simples constatação de que ou mudamos ou tudo continuará igual. A decisão cabe a nós.

E qual é o caminho para sair dessa crise? Osho mais uma vez é claro: "Você tem que trazer algum novo elemento ao mundo da biologia, e isso eu chamo de meditação, um raio de meditação, um raio de vigilância, de atenção. Isso não pertence de forma alguma à biologia, porque os animais não estão conscientes, as árvores não estão conscientes. Eles vivem em total inconsciência".

Naturalmente surge a pergunta: qual a ligação entre a meditação e a confiança? Osho explica com precisão: "Sem meditação, você não conseguirá encontrar a confiança em si mesmo. E o dia em que encontra a confiança em si mesmo é o maior dia da sua vida eterna. Isso muda toda a sua visão, toda a sua percepção, todo o seu julgamento sobre a existência e sobre as outras pessoas. A confiança continua crescendo e se espalhando ao seu redor. Só então você vai ter confiança incondicional na vida".

Assim, o caminho a seguir para cada um de nós é inevitável. A jornada, como Osho revela, que pode ser a mais agradável de todas: "Relaxe em seu ser, você é acalentado pelo todo. É por isso que o todo continua respirando em você, pulsando em você. Quando começar a sentir esse enorme respeito e amor e confiança do todo em você, você começa a deixar crescer raízes em seu ser. Você passa a confiar em si mesmo. Só então você pode confiar em mim; só então você pode confiar nos seus amigos, seus filhos, seu marido, sua esposa. Só então você pode confiar nas árvores e nos animais e nas estrelas e na lua. Então, a pessoa simplesmente vive na confiança. Não é mais uma questão de confiar nisto ou aquilo; ela apenas confia".

Hora de começar a ler este livro!

Dr. John Andrews

John Andrews é autor, cientista e praticante de meditação. Foi o médico pessoal de Osho e cuidou de seu corpo por muitos anos, incluindo seus últimos dias. Como meditador e cientista por muitas décadas, John Andrews pôde acompanhar pessoalmente a gradual aceitação da meditação pela comunidade científica se transformar no atual dilúvio de interesse que se vê hoje em dia. Ele agora escreve sobre a etapa final dessa viagem, começando da meditação até as meditações de Osho.

Prólogo

ISTO É... UMA DIREÇÃO E NÃO UM DESTINO

A distinção é muito sutil, mas é a mesma que existe entre a mente e o coração, que existe entre a lógica e o amor ou, como seria mais adequado, que existe entre a prosa e a poesia.

Um destino é uma coisa muito bem definida; a direção é bastante intuitiva. Um destino é algo fora de você, mais como uma coisa. A direção é um sentimento interior; não um objeto, mas a sua própria subjetividade. Você pode sentir a direção, você não pode conhecê-la. Você pode conhecer o destino, você não pode senti-lo. O destino está no futuro. Uma vez decidido, você começar a manipular a sua vida para alcançá-lo, a manobrar a sua vida na direção dele.

Como você pode decidir o futuro? Quem é você para decidir o desconhecido? Como é possível fixar o futuro? O futuro é o que ainda não é conhecido, o futuro é uma possibilidade aberta. Ao fixar um destino, o seu futuro já não é mais futuro, porque ele não é mais aberto. Agora você escolheu uma alternativa entre muitas, porque, quando todas as alternativas estavam abertas, aí sim era futuro. Agora todas as alternativas foram descartadas; apenas uma foi escolhida. Não é mais futuro, é seu passado.

O passado decide quando você decide um destino. Sua experiência do passado, o seu conhecimento do passado decide. Você aniquila o futuro. Então você continua repetindo seu próprio passado, talvez um pouco modificado, um pouco alterado aqui e ali, com base no seu conforto ou na sua conveniência; repintado, renovado, mas ainda se trata de passado. É dessa maneira que se perde a noção de futuro; decidindo um destino, a pessoa perde a noção de futuro. Ela se torna morta. Começa a funcionar como um mecanismo.

A direção é algo vivo, ela vive o momento. Não nada sabe do futuro, não sabe nada do passado, mas pulsa, palpita, aqui e agora. E a partir desse momento pulsante, o momento seguinte é criado. Não por qualquer decisão da sua parte, mas só porque você vive este momento e o vive tão totalmente, e ama este momento tão completamente, que dessa totalidade nasce o momento seguinte. Ele vai ter uma direção. Essa direção não é dada por você, não é imposta por você; é espontânea. Isso é o que os místicos trovadores da Índia chamam de *sahaj manush*, o homem espontâneo.

O homem espontâneo é o caminho para o verdadeiro homem, para o homem essencial, para o Deus interior. Você não pode decidir a direção, você só pode viver este momento que está disponível para você. Vivendo-o, a direção surge. Se você dançar, o momento seguinte vai ser uma dança mais profunda. Não que você decida, mas você simplesmente dança este momento. Você criou uma direção: você não está manipulando. O próximo momento será mais cheio de dança, e ainda mais serão os seguintes.

O destino é fixado pela mente; a direção se consegue vivendo. O destino é lógico: se alguém quer ser médico, se quer ser engenheiro, se quer ser cientista ou se quer ser político, quer ser um homem rico, um homem famoso – esses são destinos. Direção? A pessoa vive o momento em profunda confiança de que a vida vai decidir. A pessoa vive este momento tão completamente que dessa totalidade surge o novo. A partir dessa totalidade o passado se dissolve e o futuro começa a tomar forma. Mas essa forma não é dada por você, você a conquista.

Um mestre zen, Rinzai, estava morrendo; ele estava em seu leito de morte. Alguém perguntou: "Mestre, depois que você se for, as pessoas vão perguntar qual foi o seu ensinamento mais essencial. Você já disse muitas coisas, tem falado sobre muitas coisas, será difícil para nós condensá-las. Antes de partir, você pode por favor condensá-las numa única frase, para que possamos guardá-la. E sempre que as pessoas que não o conheceram pedirem, podemos lhes transmitir o seu ensinamento mais essencial".

Moribundo, Rinzai abriu os olhos, deu um grande grito zen, um rugido de leão! Ficaram todos chocados! Ninguém conseguia acreditar que aquele homem moribundo podia ter tanta energia, ninguém estava esperando aquilo. O homem era imprevisível, sempre tinha sido. Mas mesmo com esse homem imprevisível os discípulos não estavam de forma alguma esperando que, morrendo, nos seus últimos suspiros, ele daria tamanho rugido de leão. E quando ficaram chocados, é claro, a mente deles parou, foram surpreendidos, apanhados de surpresa. Rinzai disse, "É isso!", fechou os olhos e morreu.

É isso...

Esse momento, esse momento de silêncio, esse momento não corrompido pelo pensamento, esse silêncio que ocupou tudo ao redor, essa surpresa, esse último rugido de leão que se sobrepõe à morte; é isso.

Sim, a direção resulta de se viver este momento. Não é algo que você manipule e planeje. Ela acontece, é muito sutil; e você nunca vai ter certeza sobre ela, você só pode senti-la. É por isso que eu digo que ela é mais como poesia, não como prosa; mais como amor, não como lógica; mais como arte do que ciência. Vaga... e essa é a sua beleza; vacilante, tão vacilante quanto uma gota de orvalho numa folha de grama – deslizando, sem saber onde, sem saber por quê; no sol da manhã, apenas deslizando sobre uma folha de grama.

A direção é muito sutil, delicada, frágil. É por isso que todo mundo escolheu o destino. A sociedade tenta fixar um destino para você. Pais, professores, a cultura, a religião, o governo: todos eles tentam lhe dar um padrão fixo de vida. Eles não querem que você seja livre, fique em paz, avançando rumo ao desconhecido. Mas é assim que eles criaram o tédio. Se você conhece o seu futuro com antecedência, ele já fica chato. Se sabe que você vai ser uma determinada coisa, isso já fica chato.

O futuro deve ser uma direção, não um destino. Deve ser mais como o Nirvana. A palavra que o Buda usa significa "tudo o que você conhece não vai estar presente". Essa é a definição de nirvana: tudo o que você conhece não vai estar presente, tudo o que você vivenciou não vai estar presente, tudo o que você é não vai estar presente; algo totalmente novo, algo que você não consegue entender, porque você não tem uma linguagem para entender, você não tem experiência para compreender. Algo absolutamente novo, de que não se pode ser falar a respeito. O Nirvana é uma direção. O *Firdaus* e o Paraíso, maometano e cristão, são destinos, muito bem definidos.

A mente medíocre exige objetivos claros, porque ela é muito insegura, ela não consegue confiar em sua própria consciência e não consegue confiar na vida. A mente medíocre tem muito medo da descoberta, e a descoberta é o maior segredo da vida. Estar pronto para ser surpreendido, estar sempre pronto para ser surpreendido significa que a pessoa é inocente; está tentando descobrir. E a vida é de um jeito que você pode viver descobrindo. Quanto mais você descobre, mais você vem a saber, e muito mais ainda restará para saber. É um processo que não tem fim. A direção é um processo sem fim. Lembre-se, é um processo, um movimento; o destino é uma coisa morta.

O destino pertence ao ego; a direção pertence à vida, ao ser. Para se mover no mundo da direção a pessoa precisa de uma enorme confiança, porque ela está se movendo na insegurança, está se movendo na escuridão. Mas a escuridão traz com ela uma emoção: sem um mapa, sem um guia, você está se movendo em direção ao desconhecido. Cada passo é uma descoberta, e não é só uma descoberta no mundo exterior. Ao mesmo tempo, algo está sendo descoberto em você também. O descobridor não descobre só coisas. À medida que ele vai descobrindo mais e mais mundos desconhecidos, ele descobre a si mesmo também, simultaneamente. Cada descoberta também é uma descoberta interior. Quanto mais você sabe, mais você conhece o conhecedor. Quanto mais você ama, mais você conhece aquele que ama.

Eu não vou dar a você um destino. Só posso lhe dar uma direção – desperta, pulsante de vida e de desconhecido, sempre surpreendente, imprevisível. Eu não vou lhe dar um mapa. Posso lhe dar apenas uma grande paixão para descobrir. Sim, um mapa não é necessário; uma grande paixão, um grande desejo de descobrir é necessário. Depois eu vou deixá-lo sozinho. Vou deixá-lo por conta própria. Avance para a vastidão, para o infinito, e pouco a pouco aprenda a confiar nele. Entregue-se nas mãos da vida, porque a vida é Deus. Quando Jesus diz, "Venha o teu Reino, que seja feita a tua vontade", ele está dizendo isso... uma grande confiança. Mesmo que Deus traga a morte, não há nada a temer. É ele quem está trazendo a morte, por isso deve haver uma razão para isso, deve haver um segredo escondido nela, deve haver um ensinamento nela. Ele está abrindo uma porta.

O homem que confia, o homem que é religioso é vibrante até mesmo nos portões da morte; ele pode dar um rugido de leão. Mesmo morrendo, porque ele sabe que nada morre; no exato momento da morte ele pode dizer: "É isso!". Porque cada momento, é isso. Pode ser vida, pode ser a morte; pode ser sucesso, pode ser fracasso; pode ser felicidade, pode ser infelicidade. Cada momento... é isso.

Isso é o que eu chamo de oração de verdade. E então você terá direção. Você não precisa se preocupar com ela, você não precisa fixá-la; você pode avançar com confiança.

O QUE É CONFIANÇA?

O que é confiança? É uma crença? Não, porque a crença pertence à mente. A confiança é uma concordância. Você simplesmente coloca de lado todos os seus mecanismos de defesa, a sua armadura; você se torna vulnerável. Você ouve algo e ouve com tamanha totalidade que surge um sentimento em você revelando se é verdade ou não. Se é falso, você sente; se é verdade, você sente, por que isso acontece? Isso acontece porque a verdade reside em você. Quando você for totalmente "não pensamento", a sua verdade interior poderá sentir sempre que for verdade, porque igual sente igual sempre, eles se encaixam. De repente tudo se encaixa, tudo cai num padrão e o caos se torna um cosmos. As palavras se alinham e uma poesia surge. Então, tudo simplesmente se encaixa.

Se você está em harmonia, e a verdade está lá, seu ser interior apenas concorda com ela, mas não é uma concordância intelectual. Você sente uma sintonia. Vocês se tornam uma coisa só. Essa é a confiança. Se algo estiver errado, isso simplesmente cai fora de você, você nem pensa duas vezes, você não olha uma segunda vez; não há sentido em fazer isso. Você nunca diz: "Isto não é verdade". A coisa não se encaixa, e você segue em frente! Se ela se encaixa, torna-se a sua casa. Se não se encaixa, você segue. Por meio do ouvir vem a confiança.

PRIMEIRO, CONFIE EM SI MESMO

Seja receptivo, seja amoroso, e confie na natureza que deu à luz você. Você é extensão dela, você não está separado dela. Ela cuida de você; ela protege você, na vida e na morte. É a sua segurança, a única segurança que existe. Sinta-se seguro, à vontade, relaxado, e um dia, quando a mente estiver completamente silenciosa, a verdade acontece. Ela vem como um raio de luz na escuridão da sua existência, e tudo é revelado.

A CONFIANÇA SÓ É POSSÍVEL SE PRIMEIRO VOCÊ confiar em si mesmo. A coisa mais fundamental tem que acontecer dentro de você primeiro. Se confiar em si mesmo, você consegue confiar em mim, consegue confiar nas pessoas, consegue confiar na existência. Mas, se não confia em si mesmo, então nenhuma outra confiança jamais é possível.

A sociedade destrói a confiança nas próprias raízes; ela não permite que você confie em si mesmo. Ele ensina todos os outros tipos de confiança: confiança nos pais, confiança na Igreja, confiança no Estado, confiança em Deus, *ad infinitum*, mas a confiança básica é completamente destruída. E então todas as outras relações de confiança são falsas; são obrigadas a ser falsas! Depois disso, todas as outras relações de confiança são apenas flores de plástico; você não tem raízes de verdade para que nasçam flores de verdade.

A sociedade faz isso deliberadamente, de propósito, porque aquele que confia em si é perigoso para a sociedade; para uma sociedade que depende de escravidão, uma sociedade que investiu tanto na escravidão. Uma pessoa confiando em si mesma é independente. Você não pode fazer previsões sobre ela, ela vai trilhar seu próprio caminho; a liberdade será a vida dela. Ela vai confiar quando sentir, quando amar, e, então, sua confiança terá uma imensa intensidade e verdade nela. Então, sua confiança vai ser viva e autêntica. E ela estará pronta para arriscar tudo pela sua confiança, mas só quando sentir isso, só quando for verdade, só quando isso agitar seu coração, só quando tocar sua inteligência e seu amor, caso contrário, não. Você não pode forçá-la a nenhum tipo de crença.

Esta sociedade depende da crença; toda a sua estrutura é a de auto-hipnose. Toda a sua estrutura é baseada na criação de robôs e máquinas, não seres humanos. Ela precisa de pessoas dependentes; tão dependentes que estejam constantemente precisando ser tiranizadas, tão dependentes que estejam procurando e buscando os seus próprios tiranos, os seus próprios Adolf Hitlers, os seus próprios Mussolinis, seus próprios Josef Stalins e Mao Tsé-Tungs.

Este planeta, este planeta bonito nós transformamos numa grande prisão. Algumas pessoas com sede de poder têm reduzido toda a humanidade a uma turba. O ser humano só tem permissão de existir se ceder a todos os tipos de absurdo.

Ora, dizer a uma criança para acreditar em Deus é absurdo, um total disparate. Não porque a divindade não exista, mas porque a criança ainda não sentiu a sede, o desejo, o anseio. Ela ainda não está pronta para sair em busca da verdade, a verdade suprema da vida. Ela ainda não é madura o suficiente para investigar a realidade de Deus. Esse caso de amor tem que acontecer um dia, mas isso só pode acontecer se nenhuma crença for imposta a ela. Se ela for convertida antes que surja a sede de explorar e conhecer, então, durante toda a vida ela viverá de maneira falsa, vai viver de um jeito "pseudo". Sim, ela vai falar de Deus, porque lhe disseram que Deus existe. Disseram isso a ela com autoridade, e as pessoas que disseram eram muito poderosas em sua infância. Seus pais, os sacerdotes, os professores. Disseram isso a ela e ela teve que aceitar; era uma questão de sobrevivência. Não podia dizer "não" aos pais, porque sem eles ela não poderia sobreviver. Era muito arriscado dizer "não", ela tinha que dizer "sim". Mas seu "sim" não pode ser verdadeiro.

Como pode ser verdadeiro? Ela está dizendo "sim" apenas como uma estratégia política, para sobreviver. Você não a transformou numa pessoa religiosa, você fez dela um diplomata, você criou um político. Você sabotou o potencial que ela tinha para se tornar um ser autêntico. Você a envenenou. Você destruiu a sua própria possibilidade de inteligência, porque a inteligência surge apenas quando surge o desejo de saber. Agora o anseio nunca vai surgir, porque, antes que a pergunta tenha tomado posse da sua alma, a resposta já foi fornecida! Antes que ela ficasse com fome, a comida foi forçada em seu ser. Agora, sem a fome, essa comida forçada não pode ser digerida; não há fome para digeri-la.

É por isso que as pessoas vivem como tubos através dos quais a vida passa na forma de um alimento não digerido.

É preciso ser muito paciente com as crianças, muito alerta, muito consciente para não dizer nada que possa impedir a inteligência delas de se manifestar. Não convertê-las em cristãos, hindus e muçulmanos. É preciso uma paciência infinita. Um dia esse milagre acontece, quando a própria criança começa a perguntar. Então, também não lhe forneça respostas prontas. Respostas prontas não ajudam ninguém, respostas prontas são enfadonhas e idiotas. Ajude-a a ficar mais inteligente. Em vez de lhe dar respostas, dê a ela situações e desafios para que sua inteligência seja aguçada e ela vá mais fundo nas perguntas; de modo que a pergunta penetre no próprio cerne do seu ser, então a pergunta torna-se uma questão de vida ou morte.

Mas isso não é permitido. Os pais têm muito medo, a sociedade tem muito medo: se as crianças forem autorizadas a permanecer livres, quem sabe o que pode acontecer? Elas podem nunca vir a fazer parte da congregação a que os pais pertenceram, elas podem nunca ir à igreja – católica, protestante, isto ou aquilo. Quem sabe o que vai acontecer quando se tornarem inteligentes por conta própria? Elas não estarão sob seu controle. Esta sociedade mergulha cada vez mais na política para controlar todo mundo, para possuir a alma de todo mundo.

É por isso que a primeira coisa que eles têm de fazer é destruir a confiança, a confiança da criança em si mesma. Eles têm que deixá-la insegura e com medo. Enquanto estiver insegura, ela é controlável. Se estiver confiante, ela é incontrolável. Se ela estiver confiante, vai fazer valer seus direitos, vai tentar fazer as coisas do seu próprio jeito. Ela nunca vai querer fazer nada do jeito de ninguém. Ela vai seguir o seu próprio caminho, não vai satisfazer os desejos de outra pessoa com relação a esse caminho. Nunca imitará ninguém, nunca será uma pessoa maçante e sem vida. Ela será tão viva, tão pulsante de vida que ninguém será capaz de controlá-la.

Destrua a confiança dela e você a terá castrado. Você terá tirado o seu poder. Agora, ela estará indefesa para sempre e sempre precisará de alguém para dominá-la, dirigi-la e lhe dar ordens. Agora, ela será um bom soldado, um bom cidadão, um bom nacionalista, um bom cristão, um bom muçulmano, um bom hindu. Sim, ela vai ser todas essas coisas, mas não vai ser um verdadeiro indivíduo. Não terá quaisquer raízes. Será desenraizada por toda a vida. Vai viver sem raízes, e viver sem raízes é viver no sofrimento, é viver no inferno.

Assim como as árvores precisam ter raízes na terra, o homem é também uma árvore e precisa ter raízes na existência, do contrário ele vai viver uma vida sem inteligência. Ele pode ter sucesso no mundo, pode ser muito famoso...

Ainda outro dia, eu estava lendo uma história:

> Três cirurgiões, velhos amigos, reuniram-se nas férias. Na praia, sentados sob o sol, eles começaram a se gabar. O primeiro disse: "Encontrei um homem que perdeu as duas pernas na guerra. Eu lhe dei pernas artificiais e foi um

milagre. Agora ele é um dos maiores maratonistas do mundo! Existe toda a possibilidade de que nos próximos Jogos Olímpicos venha a ganhar medalha".

O outro disse: "Isso não é nada. Atendi uma mulher que caiu de um edifício de trinta andares: seu rosto ficou completamente desfigurado. Eu fiz um grande trabalho de cirurgia plástica. Foi só outro dia que eu vim a saber através dos jornais que ela ganhou um concurso de beleza".

O terceiro era um homem humilde. Ambos olharam para ele e perguntaram: "O que você tem feito ultimamente? Qual a novidade?"

O homem disse: "Nada de mais. E, além disso, não estou autorizado a contar nada sobre isso.

Os dois colegas ficaram mais curiosos ainda. Disseram: "Mas somos amigos, podemos guardar o seu segredo. Você não precisa se preocupar, não vai vazar".

Então ele disse, "Ok, se vocês dizem que não, se prometerem. Um homem foi trazido para mim. Ele tinha sido decapitado num acidente de carro. Eu não sabia o que fazer. Corri para o meu jardim, só para pensar no que fazer, e de repente me deparei com um repolho. Sem alternativa, transplantei o repolho no lugar da cabeça. E vocês sabem o que aconteceu? Esse homem se tornou o primeiro-ministro da Índia".

Você pode destruir a criança, mesmo assim ela ainda pode se tornar o primeiro-ministro da Índia! Não existe uma impossibilidade inerente de que ela se torne bem-sucedida mesmo sem inteligência. Na verdade, é mais difícil que se torne um sucesso com inteligência, porque a pessoa inteligente é inventiva. Ela está sempre à frente do seu tempo; leva tempo para que seja compreendida. A pessoa sem inteligência é facilmente compreendida. Ela se encaixa na *gestalt* da sociedade; a sociedade tem valores e critérios pelos quais julgá-la. Mas leva anos para que a sociedade avalie um gênio.

Não estou dizendo que uma pessoa sem inteligência não possa ser bem-sucedida, não possa ficar famosa. Mas ainda assim ela será uma farsa. E esta é a desgraça: você pode ficar famoso, mas se você é uma farsa, sua vida é uma tristeza. Você não sabe que bênçãos a vida está derramando sobre você, nunca vai saber. Você não tem inteligência suficiente para saber. Nunca vai ver a beleza da existência, porque não tem sensibilidade para perceber. Você nunca vai ver o milagre puro que circunda você, que atravessa o seu caminho de milhões de maneiras diferentes todos os dias. Você nunca vai vê-lo, porque para vê-lo você precisa de uma tremenda capacidade de compreender, de sentir, de ser.

Esta sociedade é orientada para o poder. Esta sociedade ainda é absolutamente primitiva, totalmente bárbara. Algumas poucas pessoas – políticos, padres, professores –, algumas pessoas estão dominando milhões. E esta sociedade funciona de tal forma que nenhuma criança tem permissão para ter inteligência. É por puro acidente que de vez em quando um Buda chegue à terra – puro acaso. De algum modo, de vez em quando uma pessoa escapa das garras da sociedade. De vez em quando uma pessoa não é envenenada pela sociedade. Isso deve ser por causa de algum erro, um engano da sociedade. Caso contrário, a sociedade consegue destruir as raízes dela, consegue destruir a confiança dela em si mesma. E uma vez que isso aconteça, você nunca vai ser capaz de confiar em ninguém.

Depois que se torna incapaz de amar a si mesmo, você nunca mais é capaz de amar ninguém. Isso é uma verdade absoluta, não há exceções. Você só consegue amar os outros quando consegue amar a si mesmo.

Mas a sociedade condena o amor-próprio. Ela diz que é egoísmo, diz que é narcisismo. Sim, o amor-próprio pode se tornar narcisista, mas não necessariamente. Pode se tornar narcisista se nunca for além de si mesmo, pode se tornar uma espécie de egoísmo se ficar confinado em si mesmo. Caso contrário, o amor-próprio é o início de todos os outros amores.

Uma pessoa que se ama, mais cedo ou mais tarde começa a transbordar de amor. Uma pessoa que confia em si mesma não consegue desconfiar de ninguém, mesmo daqueles que têm intenção de enganá-la, mesmo daqueles que já a enganaram. Sim, ela não consegue sequer desconfiar, porque agora sabe que a confiança é muito mais valiosa do que qualquer outra coisa. Você pode enganar uma pessoa, mas em que você pode enganá-la? Pode levar dinheiro ou outra coisa dela. Mas o homem que conhece a beleza da confiança não se deixará distrair por essas pequenas coisas. Ele ainda ama você, ainda vai confiar em você. E, então, um milagre acontece: se uma pessoa de fato confia em você, fica impossível enganá-la, fica quase impossível.

Acontece todos os dias na sua vida, também. Sempre que você confia em alguém, essa pessoa não consegue mais enganar você, ludibriar você. Sentado na plataforma de uma estação ferroviária,

> Há uma qualidade intrínseca na consciência humana para confiar e ser confiável.

você não conhece quem que está ao seu lado – um estranho, um completo estranho – e você diz a essa pessoa: "Você poderia olhar a minha bagagem? Eu tenho que comprar a minha passagem. Por favor, faça a gentileza de tomar conta da minha bagagem". E você vai comprar o seu bilhete. Você confia num absoluto desconhecido. Mas quase nunca acontece de o estranho enganar você. Ele poderia enganá-lo se você não confiasse nele. A confiança tem uma certa magia. Como ele pode enganá-lo agora que você confiou nele? Como ele pode se degradar a tal ponto? Nunca conseguirá se perdoar se enganar você.

Há uma qualidade intrínseca na consciência humana para confiar e ser confiável. Todo mundo gosta de ser confiável. É o respeito da outra pessoa, e quando você confia num estranho isso é mais verdadeiro ainda. Não há razão para confiar nele e ainda assim você confia. Você coloca o homem num patamar alto, você o valoriza a tal ponto que é quase impossível para ele cair daquela altura. E, se cair, ele nunca será capaz de perdoar a si mesmo; terá de carregar o peso da culpa durante toda a sua vida.

A pessoa que confia em si mesma passa a conhecer a beleza disso. Passa a saber que, quanto mais confia em si mesmo, mais você floresce. Quanto mais você se deixa ficar num estado de entrega e relaxamento, mais fica tranquilo e sereno, mais fica calmo, revigorado e silencioso. E é tão bonito que você começa a confiar mais e mais nas pessoas, porque quanto mais confia mais a sua calma se aprofunda, a sua calma fica mais e mais profunda, até chegar ao âmago do seu ser. E quanto mais você confia, mais alto voa. Aquele que consegue confiar, mais cedo ou mais tarde conhece a lógica da confiança. E então, um dia, com certeza vai tentar confiar no desconhecido.

Comece a confiar em si mesmo – essa é a primeira coisa. É disso que se trata o meu trabalho aqui: destruir a desconfiança que foi inculcada em você sobre si mesmo, destruir toda condenação que tenha sido imposta em você, tirá-la de você e lhe transmitir o sentimento de que você é amado e respeitado, amado pela existência. Deus criou você, porque o amava. Ele o amava tanto que não conseguiu resistir à tentação de criá-lo.

Quando um pintor pinta, ele pinta porque ama. Quando um poeta compõe uma música é porque ama a música. Deus pintou você, cantou você, dançou você. Deus ama você! E se você não vê nenhum sentido na palavra "Deus", não se preocupe. Chame-o de *existência*, chame-o de *todo*.

A existência ama você, caso contrário, você não estaria aqui.

Relaxe em seu ser, você é acalentado pelo todo. É por isso que o todo continua respirando em você, pulsando em você. Quando começar a sentir esse enorme respeito e amor e confiança do todo em você, você começa a deixar crescer raízes em seu ser. Você passa a confiar em si mesmo. Só então você pode confiar em mim; só então você pode confiar nos seus amigos, seus filhos, seu marido, sua esposa. Só então você pode confiar nas árvores e nos animais

Relaxe em seu ser, você é acalentado pelo todo.

e nas estrelas e na lua. Então, a pessoa simplesmente vive na confiança. Não é mais uma questão de confiar nisto ou naquilo; ela apenas confia. E confiar é simplesmente ser religioso.

E é disso que se trata o *sannyas*. O *sannyas* vai desfazer tudo o que a sociedade fez. Não é por acaso que os padres sejam contra mim, os políticos sejam contra mim, os pais sejam contra mim, todas as instituições sejam contra mim. Não é por acaso. Eu posso entender a lógica absolutamente clara disso. Estou tentando desfazer o que eles fizeram. Estou sabotando todo o padrão desta sociedade escravocrata. Todo o meu empenho é para criar rebeldes, e o início da rebeldia é confiar em si mesmo. Se eu puder ajudá-lo a confiar em si mesmo, eu o terei ajudado. Nada mais é necessário, todo o resto vem por conta própria.

A DÚVIDA É SUA ALIADA

A investigação é um risco. Ela está avançando em direção ao desconhecido. A pessoa não sabe o que vai acontecer. Ela deixa tudo com que está familiarizada, com que se sente confortável e avança rumo ao desconhecido, sem saber com certeza se existe alguma coisa na outra margem, ou mesmo se existe outra margem.

Então, as pessoas se agarram ao teísmo, ou aqueles que estão um pouco mais fortes, os intelectuais, a intelligentsia, *esses se agarram ao ateísmo. Mas nos dois casos estão fugindo da dúvida. E fugir da dúvida é fugir da pergunta. Porque o que é a dúvida? É só um ponto de interrogação. Ela não é sua inimiga.*

É simplesmente um ponto de interrogação dentro de você que o prepara para investigar.
A dúvida é sua aliada.

A FÉ TEM MEDO DA DÚVIDA. Tem medo porque ela a reprimiu. Tudo o que você reprime você teme, porque isso está sempre lá bem no fundo de você, esperando para se vingar, e assim que a oportunidade surgir vai explodir dentro de você com ímpeto. Sua fé está apoiada num abalo sísmico, e a cada dia a dúvida se torna mais forte, porque todo dia você tem que reprimi-la. Mais cedo ou mais tarde, isso será mais do que você pode reprimir, será mais poderoso do que a sua fé. Então, simplesmente jogue fora a sua fé.

Mas a confiança não tem medo da dúvida, porque a confiança não é contra a dúvida. A confiança usa a dúvida, a confiança sabe como utilizar a energia contida na própria dúvida. Essa é a diferença entre fé e confiança. A fé é falsa; ela cria uma pseudorreligião, ela cria hipócritas. A confiança tem uma beleza e uma verdade sublimes em torno dela. Ela cresce por meio da dúvida, ela usa a dúvida como adubo, ela transforma a dúvida. A dúvida é uma aliada, a dúvida não é sua inimiga.

> A confiança usa a dúvida, a confiança sabe como utilizar a energia contida na própria dúvida. Essa é a diferença entre fé e confiança.

E, a menos que a sua confiança passe por muitas dúvidas, ela continuará impotente. A partir de onde ela vai reunir forças?

A alma se mostra
através da dúvida,
não através do
acreditar. A crença
é só uma máscara.

A partir de onde vai conseguir integração? Se não existir nenhum desafio, ela com certeza continuará fraca. A dúvida é um desafio. Se a sua confiança conseguir responder ao desafio, conseguir fazer amizade com sua dúvida, ela irá crescer através dela. E você não será uma pessoa dividida, que no fundo duvida e apenas na superfície crê, acredita. Você terá um tipo de unidade, você vai ser um indivíduo, indivisível. E essa individualidade é o que chamam de "alma" nas antigas religiões.

A alma se mostra através da dúvida, não através do acreditar. A crença é só uma máscara: você está escondendo a sua face original. A confiança é uma transformação: você está se tornando mais iluminado. E porque você está usando a dúvida como um desafio, como uma oportunidade, nunca haverá nenhuma repressão. Lentamente, muito lentamente, a dúvida desaparece, porque a sua energia foi tomada pela confiança.

A dúvida, na verdade, não é nada a não ser a confiança crescendo. A dúvida é a confiança a caminho. Sempre pense na dúvida desta maneira: a dúvida é a confiança a caminho. A dúvida é a indagação e a confiança é sanar essa indagação. A dúvida é a pergunta e a confiança é a resposta. A resposta não é contra a pergunta. Não haverá nenhuma possibilidade de resposta se não houver pergunta. A pergunta criou a oportunidade para a resposta acontecer.

Então, por favor, não se sinta culpado perto de mim. Eu sou totalmente contra qualquer tipo de culpa. A culpa é absolutamente errada. Mas ela tem sido usada pelos sacerdotes e pelos políticos e puritanos ao longo das eras, ao longo dos séculos. A culpa é uma estratégia, uma estratégia para explorar as pessoas, para que se sintam culpadas. Depois de ter conseguido fazê-las se sentirem culpadas, serão suas escravas. Por causa da culpa elas nunca serão integradas o bastante. Por causa da culpa vão permanecer divididas. Por causa da culpa nunca serão capazes de aceitar a si mesmas, estarão para sempre condenadas. Por causa da culpa estarão prontas para acreditar em qualquer coisa para se livrar da culpa. Elas vão fazer qualquer coisa, vão realizar qualquer ritual absurdo, apenas para conseguir se livrar da culpa. Ao longo dos séculos, o sacerdote tem feito as pessoas se sentirem culpadas. Todas as chamadas religiões existem por causa da sua culpa, elas não existem por causa da existência de Deus. Elas não têm nada a ver com Deus e Deus não tem nada a ver com elas. Elas existem por causa da culpa que você sente.

> Todas as chamadas religiões existem por causa da sua culpa, elas não existem por causa da existência de Deus. Elas não têm nada a ver com Deus.

Você está com medo, sabe que está errado; você tem que procurar a ajuda de alguém que não esteja errado. Você sabe que é indigno; tem que se curvar, tem que servir aqueles que são dignos. Você sabe que não pode confiar em si mesmo, porque você está dividido. Apenas uma pessoa não dividida pode confiar em si mesma, nos seus sentimentos, na sua intuição. Você está sempre tremendo, tremendo por dentro; precisa de alguém em quem se apoiar. E depois que se apoia em alguém, depois que se torna dependente de alguém, você permanece infantil, você nunca cresce. Sua idade mental continua a ser a de uma criança. Você nunca atinge a maturidade, nunca se torna independente. E o sacerdote não quer que você se torne independente. Seja independente e você está perdido para ele; dependente você é todo o mercado dele, todo o seu negócio.

Sou totalmente contra qualquer tipo de culpa. Lembre-se sempre: se começar a se sentir culpado sobre algo com relação a mim, então você está fazendo isso por conta própria. Então você ainda está carregando dentro de si as vozes dos seus pais, dos sacerdotes; você ainda não me ouviu, ainda não me escutou. Quero que fique cem por cento livre de toda a culpa.

Quando está livre da culpa, você é uma pessoa religiosa. Essa é a minha definição de pessoa religiosa. Use a dúvida, a dúvida é bela, porque é somente por meio da dúvida que a confiança atinge a maturidade. Como pode ser de outra forma? Ela tem que ser bela; é só por meio da dúvida que a confiança torna-se centrada. É só por meio de dúvida que a confiança floresce, desabrocha. É a noite escura da dúvida que traz a aurora dourada para mais perto de você. A noite escura não é contra a aurora, a noite escura é o útero do amanhecer. A madrugada está se preparando no ventre da noite escura.

Pense na dúvida e na confiança como coisas complementares: assim como o homem e a mulher, assim como o dia e a noite, o verão e o inverno, a vida e a morte. Sempre pense nesses pares em termos de uma complementaridade inevitável, nunca mais pense em termos de oposição. Mesmo que na superfície pareçam se opor, no fundo elas são aliadas, ajudam uma a outra. Pense numa pessoa que não tem confiança; ela não vai ter nenhuma dúvida, porque ela não tem nada do que duvidar. Basta pensar numa pessoa que não tem confiança nenhuma. Como ela pode duvidar, do que ela pode duvidar? Só um homem de confiança tem algo do que duvidar. Porque você confia, portanto você duvida. Sua dúvida comprova a sua confiança, e não o contrário. Pense numa pessoa que não pode duvidar. Como ela pode confiar? Se ela ainda é incapaz de duvidar, como pode ser capaz de confiar?

A confiança é a forma mais elevada da própria energia da dúvida. A dúvida é o degrau mais baixo da escada, e confiança é o degrau mais alto da mesma escada. Use a dúvida, use-a com alegria. Não há nenhuma necessidade de se sentir culpado. É perfeitamente humano e natural sentir grandes dúvidas sobre mim às vezes, e grandes dúvidas sobre o que está acontecendo aqui. É perfeitamente humano, não há nada de extraordinário nisso. Se isso não acontecer, então algo vai parecer anormal. Mas lembre-se de que se tem de chegar à confiança. Use a dúvida, mas não se esqueça do objetivo, não se esqueça do degrau mais alto da escada. Mesmo se você estiver no degrau mais baixo, olhe para o mais alto. Você tem que chegar lá. Na verdade, a dúvida está empurrando você nessa direção, porque ninguém consegue se sentir à vontade com a dúvida.

Você já não reparou? Quando existe dúvida, existe inquietação. Não altere essa inquietação, não interprete essa inquietação como culpa. Sim, existe um mal-estar, porque a dúvida significa

A dúvida empurra você na direção da confiança. A dúvida diz: "Vá e encontre um lugar onde você possa relaxar, onde possa existir totalmente".

que você está incerto quanto ao chão em que está pisando. A dúvida significa que você está dividido, a dúvida significa que você ainda não é uma unidade. Como pode ficar à vontade? Você é uma multidão; você não é uma pessoa, você é muitas pessoas. Como pode ficar à vontade? Deve haver um grande tumulto dentro de você, uma parte puxando numa direção e outra parte puxando na outra. Como você pode crescer se é puxado em tantas direções ao mesmo tempo? Está fadado a sentir desconforto, tensão, angústia, ansiedade.

Ninguém pode viver com dúvida e na dúvida. A dúvida empurra você na direção da confiança. A dúvida diz: "Vá e encontre um lugar onde você possa relaxar, onde possa existir totalmente". A dúvida é sua aliada. Ela apenas diz: "Este não é seu lar. Vá em frente, pesquise, procure, investigue". Isso cria o impulso para investigar, para explorar.

Depois que você começar a ver a dúvida como uma aliada, não como um motivo para não confiar, mas algo que o empurra na direção dela, de repente a culpa desaparece. Há uma grande alegria. Mesmo quando duvida, você duvida alegremente, duvida de forma consciente, e usa a dúvida para encontrar a confiança. É absolutamente normal.

A FÉ É CONCEDIDA, A CONFIANÇA É UM CRESCIMENTO

As pessoas pretensamente religiosas nunca confiaram na natureza humana. Elas falam sobre a confiança, mas nunca confiam na existência. Elas confiam nas regras, nas leis; elas nunca confiam no amor. Elas falam de Deus, mas é só conversa fiada. Elas confiam na polícia, nos tribunais. Confiam no fogo do inferno. Confiam em criar medo e em criar ganância. Se você é santo e bom e moral, você vai ter o céu e todos os prazeres do paraíso, o Éden. Ou, se você não é moral, então você vai sofrer no fogo do inferno – e eternamente, lembre-se, para sempre.

Esses são o medo e a ganância. Eles têm manipulado a mente humana através do medo e da ganância. Querem que você fique livre do medo e da ganância – e todo o seu ensinamento está enraizado nisso! Eles não confiam.

A CRENÇA VEM DA CABEÇA, A CONFIANÇA VEM DO CORAÇÃO. Suas qualidades são diferentes, completamente diferente, são diametralmente opostas. Nunca se torne parte de um sistema de crenças: nunca se torne um hindu ou um muçulmano ou um jainista ou budista. Quando você se torna parte de um sistema de crenças, você se torna um escravo.

A dúvida e a crença não são diferentes; são dois lados da mesma moeda. Isso tem de ser entendido primeiro, porque as pessoas pensam que, quando acreditam, elas superaram a dúvida.

A crença é o mesmo que a dúvida, porque ambas são preocupações da mente. Sua mente argumenta, diz que não, não encontra nenhuma prova para que você possa dizer "sim" – então você duvida. Então, sua mente encontra argumentos para dizer "sim", provas para dizer "sim", e você acredita. Mas em ambos os casos você acredita na razão; em ambos os casos você acredita nos argumentos. A diferença está apenas na superfície: no fundo, você acredita no raciocínio.

A confiança é o abandono do raciocínio. Ela é louca, é irracional, é absurda!

E, lembre-se, confiança não é fé. A confiança é um encontro pessoal. A fé é concedida e emprestada, é um condicionamento. A fé é um condicionamento que seus pais, sua cultura e sua sociedade lhe dão. Você não se preocupa com ela, você não faz dela uma preocupação pessoal. É uma coisa concedida e aquilo que é concedido, que não foi um crescimento pessoal em você, é apenas uma fachada. É um rosto falso, uma "cara de domingo". Durante seis dias você é de um jeito, e então você entra na igreja e coloca uma máscara. Veja como as pessoas se comportam na igreja – são tão gentis, humanas... as mesmas pessoas! Até mesmo um assassino vai à igreja e reza, e você pode ver o rosto dele: ele parece tão belo e inocente, e esse homem matou pessoas. Na igreja você tem um rosto apropriado para usar, e você sabe como usá-lo. É um condicionamento. Desde a infância você é condicionado.

Lembre-se, confiança não é fé. A confiança é um encontro pessoal.

A fé é concedida, a confiança é um crescimento.

Quando você não consegue entender, quando você é ignorante, toda a sociedade diz: "Tenha fé". Direi a você que é melhor duvidar do que ter uma fé falsa. É melhor duvidar, porque a dúvida criará sofrimento. A fé é um consolo; a dúvida cria sofrimento. E se existe sofrimento, você terá que buscar a confiança.

Esse é o problema, o dilema que tem acontecido no mundo. Por causa da fé, você esqueceu como buscar confiança. Por causa da fé, você se tornou desconfiado. Por causa da fé você carrega cadáveres – você é cristão, hindu, muçulmano, e confunde tudo. Por causa da fé você pensa que é religioso. Então, a investigação cessa.

A fé é concedida, a confiança é um crescimento.

A dúvida honesta é melhor do que a fé desonesta. Se a sua fé é falsa... e toda fé é falsa se você não a fez crescer dentro de você, se não é o seu sentimento e seu ser e sua experiência. Toda fé é falsa!

Seja honesto – duvide, sofra. Apenas o sofrimento vai lhe trazer o entendimento. Se você sofrer verdadeiramente, um dia vai entender que é a dúvida que está fazendo você sofrer. E, então, a transformação torna-se possível.

A dúvida honesta é melhor do que a fé desonesta.

Sua fé é falsa: a dúvida está escondida lá no fundo; apenas na superfície existe uma fina camada de fé. Lá no fundo você está em dúvida, mas você tem medo de saber que está duvidando, por isso você se agarra à fé; você continua fazendo pose de quem tem fé. Você pode fazer pose, mas através de poses você não vai chegar à realidade. Você pode ir lá e fazer uma reverência num santuário; você está fazendo pose de uma pessoa que confia, mas você não vai crescer, porque no fundo não há confiança, só dúvida. A fé é apenas uma sobreposição.

É como beijar uma pessoa que você não ama. Do lado de fora é tudo igual, você está fazendo o gesto de beijar. Nenhum cientista vai encontrar nenhuma diferença. Se você beijar uma pessoa, a cena, o fenômeno fisiológico, a transferência de milhões de germes de um lábio para outro, é tudo exatamente igual se você ama ou não. Se um cientista observar e investigar, qual será a diferença? Nenhuma diferença, nem um pingo de diferença, o cientista vai dizer que ambos são beijos e idênticos. Mas você sabe que, quando você ama uma pessoa, então algo do invisível passa entre vocês que não pode ser detectado por nenhum instrumento. Quando você não ama uma pessoa, então você pode dar o beijo, mas nada passa entre vocês. Nenhuma comunicação de energia, nenhuma comunhão acontece.

O mesmo acontece com a fé e com a confiança. A confiança é um beijo cheio de amor, com um coração profundamente amoroso, e a fé é um beijo sem amor nenhum.

Então, por onde começar? A primeira coisa é investigar a dúvida. Jogue fora a falsa fé. Torne-se um cético honesto, sincero. Sua sinceridade vai ajudar, porque se você é honesto como pode não perceber que a dúvida cria sofrimento? Se você é sincero, você com certeza vai saber. Mais cedo ou mais tarde você vai perceber que a dúvida está criando mais sofrimento; quanto mais você fica em dúvida, mais fica infeliz. E a pessoa só cresce através do sofrimento.

Quando você chega num ponto em que o sofrimento se torna impossível de suportar, intolerável, você o solta. Não que você realmente o solte; a própria intolerabilidade o leva ao ato de soltar. E depois que a dúvida o fez sofrer e não há mais dúvida, você começa a se mover em direção à confiança.

SEMPRE QUE VOCÊ ESTÁ CONFIANTE, fica relaxado. E sempre que você permite alguma dúvida, fica tenso no coração, porque o coração relaxa com a confiança e se retrai com a dúvida.

Normalmente as pessoas não estão conscientes disso. Na verdade, elas vivem sempre com o coração encolhido e apertado, então se esqueceram de como é sentir o coração relaxado. Sem conhecer nenhum oposto, elas pensam que está tudo bem. Mas de cem pessoas, noventa e nove vivem com o coração contraído.

Quanto mais você está na cabeça, mais o coração se contrai. Quando você não está na cabeça, o coração se abre como uma flor de lótus... e é tremendamente belo quando se abre. Então você está de fato vivo e o coração está relaxado. Mas o coração só pode ficar relaxado na confiança, no amor. Com a suspeita da dúvida, a mente entra em cena. A dúvida é a porta da mente.

É como uma isca; você vai pescar e coloca a isca. A dúvida é a isca da mente. Depois que você é pego na dúvida, você fica preso à mente. Então, quando a dúvida vem, ela não vale a pena.

Eu não estou dizendo que a sua dúvida esteja sempre errada; não estou dizendo isso. Sou a última pessoa a dizer isso. Sua dúvida pode estar perfeitamente correta. Mas, mesmo então, ela também é errada, porque destrói o seu coração. Não vale a pena.

Por exemplo, você está hospedado num quarto estranho com alguém, um desconhecido, e você tem dúvida se ele é um ladrão ou alguém não confiável. Você pode dormir com esse homem no mesmo quarto? Mesmo que ele seja um ladrão ou mesmo que seja um assassino, mesmo assim a dúvida não vale a pena. É melhor morrer na confiança do que viver na dúvida. É melhor ser roubado na confiança do que se tornar um milionário na dúvida. Uma pessoa que rouba as suas riquezas não rouba nada. Mas, se você duvida, perde o seu coração.

Portanto, quando digo confiança, eu não quero dizer que a confiança esteja sempre certa. Eu não estou dizendo isso. Muitas vezes a confiança vai colocá-lo em situações difíceis, porque, quanto mais você confia, mais vulnerável fica. E quanto mais você confia, mais se torna vítima de pessoas dispostas a enganar. Elas querem pessoas que confiam, caso contrário não conseguirão enganar ninguém. Mas ainda assim, eu digo, seja enganado. Isso não custa nada em comparação a ficar na dúvida. Se a pessoa tiver de escolher, e existem apenas duas alternativas – ser enganado ou ficar na dúvida –, é melhor ser enganado. Depois que isso está decidido, a dúvida não pode pegar você.

> É melhor morrer na confiança do que viver na dúvida. É melhor ser roubado na confiança do que se tornar um milionário na dúvida.

A dúvida é poderosa porque é astuta. A dúvida é poderosa porque lhe diz: "Você está desprotegido. Eu vou protegê-lo". A dúvida diz: "Eu não sou contra a confiança. Confie, mas primeiro observe. Primeiro duvide e só depois confie. Quando você estiver convencido de que não há possibilidade de ser enganado, então confie".

A dúvida nunca diz: "Eu sou contra a confiança". Não, a dúvida sempre diz: "Na verdade estou tentando ajudá-lo a encontrar alguém em quem confiar. Estou apenas tentando servi-lo. Se me escutar, você conseguirá encontrar alguém em quem poderá confiar". Mas você nunca vai encontrar a pessoa certa, porque, depois que se acostumou a ficar na dúvida, isso se torna crônico. Mesmo que fique cara a cara com Deus, você vai continuar duvidando. Isso não tem nada a ver com a pessoa de fora. É só porque você tem um hábito. Você não consegue relaxar imediatamente. Se tem se protegido, vigiado e alimentado a dúvida a vida inteira, você não consegue apenas colocá-la de lado.

Muitas vezes a confiança cria situações muito inseguras, vai levá-lo por caminhos perigosos. Você vai ficar mais vulnerável, será enganado e ludibriado com facilidade. Mas ainda assim eu digo que, custe o que custar, a confiança é o único tesouro a ser protegido. E quando entender isso, seu coração irá imediatamente lhe mostrar se algo está errado com o seu sistema. Você será capaz de sentir confiança e dúvida, e o impacto disso sobre você.

>
>
> Muitas vezes a confiança vai colocá-lo em situações difíceis, porque, quanto mais você confia, mais vulnerável fica.

> Fique no coração e o coração florescerá, isso é que é um homem santo. Fique na cabeça, calculando, sendo astuto, isso é ser profano.

Sempre que sentir que algo está se contraindo no seu coração, procure no mesmo instante dentro de você. A dúvida surgiu em algum lugar. Em algum lugar, você perdeu o contato com sua confiança. Em algum lugar não está mais em sintonia com a vida; você se separou. A dúvida separa, a confiança une. E quando você está unido, o coração flui bem, no ritmo, harmonioso.

Isso é o que eu chamo de ser santo. Fique no coração e o coração florescerá, isso é que é um homem santo. Fique na cabeça, calculando, sendo astuto, isso é ser profano.

A CONFIANÇA NÃO PODE SER CULTIVADA

O hipócrita é a pessoa mais imoral que existe, porque ele finge uma coisa e é outra. Ele tem um rosto para mostrar para as pessoas e uma realidade diferente escondida por trás. Ele vive usando máscaras. Ele destruiu o natural, o espontâneo, porque acredita no cultivo, no "civilizar". Ele acredita que as pessoas devam ser obrigadas a ser boas.

Ora, não há nenhuma maneira de se obrigar alguém a ser bom. Na verdade, se você forçar uma pessoa a ser boa, você a está forçando a ser má. Se ela tiver coragem, vai se rebelar contra você.

Se tiver alguma inteligência, vai reagir contra você, vai se tornar apenas o oposto do que você queria que ela fosse.

A menos que a obediência venha do seu ser interior, do amor e da confiança, ela é feia. Mas quando ela vem de dentro do seu coração, não é obediência de modo algum. Você não está seguindo outra pessoa, você está seguindo você mesmo.

A CONFIANÇA CULTIVADA NÃO SERÁ CONFIANÇA; será falsa, será insincera. Ela estará apenas na superfície; nunca tocará o seu centro. Tudo o que é cultivado permanece superficial, porque tudo o que é cultivado permanece na mente. A confiança não pode ser cultivada, assim como o amor não pode ser cultivado: você não pode ensinar as pessoas a amar. Perigosos serão os dias em que as pessoas serão ensinadas a amar, porque elas vão aprender a lição, vão repeti-la com precisão; será tecnológico, mas não vai ser do coração.

Qualquer coisa que pertença às profundezas tem que surgir naturalmente. Então o que fazer? A única coisa que pode ser feito é remover os obstáculos. A confiança não pode ser

A confiança não pode ser trazida para fora; os obstáculos podem ser removidos. Quando não há nenhum obstáculo, ela vem, ela flui.

trazida para fora; os obstáculos podem ser removidos. Quando não há nenhum obstáculo, ela vem, ela flui. A confiança não pode ser cultivada; dúvidas podem ser descartadas.

Então é preciso entender a mente que duvida, o próprio mecanismo da dúvida, o que o leva a duvidar. A pessoa tem que ver através dela e por que ela duvida, porque a dúvida é o obstáculo. Quando a dúvida desaparece, a confiança surge. Ela sempre esteve lá. Apenas uma pedra estava dificultando o caminho, e a fonte não podia fluir. Você vem ao mundo com confiança. Toda criança nasce com confiança, toda criança é de confiança, por isso a confiança não precisa ser cultivada. É assim que todo mundo nasce: ela já está embutida. Você é de confiança.

Mas pouco a pouco, a criança aprende a duvidar. Nós ensinamos, na verdade. A sociedade, a família, a escola, a universidade, todos ensinam a duvidar. Porque a menos que você duvide, você não pode ser muito inteligente e astuto; a menos que você duvide, você não pode sobreviver neste mundo tão competitivo, vai ser destruído. Então a dúvida tem de ser aprendida. E, depois que você aprende, aos poucos a confiança é esquecida. Ela permanece lá no fundo, dentro você, mas você não consegue alcançá-la; há muitos obstáculos. Você não pode cultivá-la; ela não pode ser ensinada. A única alternativa é: você tem que inverter o processo; aprendeu a dúvida, agora desaprenda-a.

A confiança estava lá, a confiança está lá, a confiança vai estar lá. Tudo o que tem que ser feito é para ser feito com dúvida; nada deve ser feito com confiança. Por que você duvida? Por que você tem tanto medo? Porque dúvida significa medo. Sempre que você ama alguém, você não duvida, porque o medo desaparece. Sempre que existe amor, não existe medo. Mas, quando não ama, você duvida; quando não conhece uma pessoa, você duvida mais – um estranho, então você duvida mais ainda. Um desconhecido, então você duvida mais. Sempre que existe medo, existe dúvida. No fundo, dúvida é medo. Se for ainda mais fundo, vai ver que dúvida é morte, porque você tem medo da morte. E parece que todo mundo está tentando matá-lo – brigando, sendo competitivo, tentando tirá-lo do caminho, destroná-lo. Dúvida é morte.

Todo o mecanismo tem de ser entendido. Então o que fazer? Por que ter medo da morte? Você nunca conheceu a morte. Você pode ter visto alguém morrer, mas você mesmo nunca viu a morte. Quando alguém está morrendo, você realmente sabe que essa pessoa está morrendo ou ela está apenas desaparecendo e indo para algum outro mundo? A dúvida não tem fundamento; o medo não tem fundamento. É apenas uma suposição da mente. Quando alguém morre, você acha que essa pessoa está morrendo ou simplesmente desaparecendo e indo para outro mundo, seguindo para outro plano de vida ou para outro corpo? Você vai ter que conhecer a morte em profunda meditação. Quando o pensamento para, de repente você vê que está separado do corpo.

Então, eu não digo confie primeiro. Eu digo medite primeiro. Essa é a

No fundo, dúvida é medo. Se for ainda mais fundo, vai ver que dúvida é morte, porque você tem medo da morte.

Eu não digo confie primeiro. Eu digo medite primeiro. Essa é a diferença entre meditação e oração.

> A meditação é uma ciência, não uma superstição. A meditação diz para você experimentar com a sua mente.

diferença entre meditação e oração. As pessoas que ensinam a oração, elas dizem, "Confie primeiro, caso contrário como você pode orar?". A confiança é necessária como uma condição básica, caso contrário como você pode orar? Se você não confiar em Deus, como pode orar? Eu ensino meditação, porque a meditação não faz da confiança uma necessidade básica. A meditação é uma ciência, não uma superstição. A meditação diz para você experimentar com a sua mente. Ela é muito cheia de pensamentos; os pensamentos podem ser dispersados, as nuvens pode ser dispersadas, e você pode alcançar o céu vazio do seu ser interior. E não precisa de confiança. Apenas um pouco de coragem, um pouco de esforço, um pouco de ousadia, um pouco de persistência e perseverança, um pouco de paciência, sim, mas não de confiança. Você não acredita em Deus? Isso não é um obstáculo para a meditação. Você não acredita em alma? Isso não é um obstáculo na meditação. Você não acredita em nada? Isso não é obstáculo. Você pode meditar, porque a meditação simplesmente diz como mergulhar dentro de si. Se a

> Você não acredita em Deus? Isso não é um obstáculo para a meditação. Você não acredita em alma? Isso não é um obstáculo na meditação. Você não acredita em nada? Isso não é obstáculo.

alma existe ou não, isso não importa; se existe um Deus ou não, isso não importa.

Uma coisa é certa: que você existe. Se você existirá após a morte ou não, isso não importa. Apenas uma coisa importa: neste exato momento, você existe. Quem é você? Esse mergulho dentro de si é meditação; mergulhe fundo no seu próprio ser. Talvez ele seja apenas momentâneo; talvez você não seja eterno; talvez a morte dê um fim a tudo. Nós não impomos a condição de que você tem que acreditar. Dizemos apenas que você tem que experimentar. Apenas tente. Um dia acontece: os pensamentos não estão lá e, de repente, quando os pensamentos desaparecem, o corpo e você estão separados, porque os pensamentos são a ponte. Através dos pensamentos é que você se junta ao corpo; ele é a ligação. De repente, a ligação desaparece; você está lá, o corpo está lá e há um abismo infinito entre os dois. Então você sabe que o corpo vai morrer, mas você não pode morrer.

Então não é algo como um dogma; não é um credo, é uma experiência, evidente. Nesse dia, a morte desaparece; nesse dia, a dúvida desaparece, porque agora você não vive se defendendo. Ninguém pode destruí-lo; você é indestrutível. Então, a confiança surge, transborda. E ter confiança é estar em êxtase; ter confiança é estar em Deus; ter confiança é estar preenchido.

Então, eu não digo para cultivar a confiança. Digo para experimentar a meditação. De outro ângulo, tente compreendê-la. Duvidar significa pensar.

Eu não digo para cultivar a confiança. Digo para experimentar a meditação.

Quanto mais você duvida, mais você pode pensar. Todos os grandes pensadores são céticos, eles têm que ser. O ceticismo cria o pensamento. Quando você diz "não", então o pensamento surge. Se você disser "sim", acabou. Não há necessidade de pensar. Quando você diz "não", então você tem que pensar. O pensamento é negativo. A dúvida é uma das necessidades básicas para pensar. As pessoas que não podem duvidar, não podem pensar; elas não podem se tornar grandes pensadores. Portanto, mais dúvida significa mais pensamento, mais pensamento significa mais dúvida. A meditação é uma maneira de sair do pensar. Depois que as nuvens dos pensamentos se dispersam e o processo de pensar cessa, mesmo que por um único instante, você tem um vislumbre do seu ser.

Um dos maiores pensadores do Ocidente, Descartes, disse: "Penso, logo existo". *Cogito ergo sum*. E Descartes é o pai da filosofia ocidental moderna: "Penso, logo existo". Exatamente o oposto tem sido a experiência no Oriente. Buda, Nagarjuna, Sankara, Lao Tsé, Chuang Tzu, eles vão rir, vão rir muito quando ouvirem o que Descartes disse, "Penso, logo existo"; porque eles dizem: "Eu não penso, logo existo". Porque só quando o pensamento cessa é possível saber quem se é. Num estado de não pensamento da consciência a pessoa percebe o seu próprio ser, não pelo pensamento, mas pelo "não pensamento". A meditação é não pensar; é um esforço para criar um

Quando a mente cessa, a dúvida cessa. E então a verdade evidente surge a partir de dentro.

estado de "não mente". Dúvida é mente. Na verdade, dizer "mente que duvida" é errado, é redundante. Mente é dúvida; dúvida é mente. Quando a dúvida cessa, a mente cessa. Ou, quando a mente cessa, a dúvida cessa. E então a verdade evidente surge a partir de dentro, um pináculo da luz, da eternidade, do infinito; e depois há confiança.

Neste momento, como você pode confiar? Neste momento você não sabe quem você é, como pode confiar?

Mas nunca diga "sim" até que ele surja de dentro de você e o inunde.

E você pergunta, "A confiança pode ser cultivada?". Nunca. Nunca tente cultivá-la. Muitos têm feito essa tolice. Depois tornam-se falsos, sem autenticidade, "pseudo". É melhor ser alguém que só diz "não", mas ser sincero, porque existe pelo menos uma possibilidade de um dia, através da sinceridade, você conseguir se tornar alguém que diz "sim" de forma autêntica. Mas nunca diga "sim" até que ele surja de dentro de você e o inunde.

O mundo inteiro está cheio de pessoas pseudorreligiosas; igrejas, templos, mesquitas estão cheias de pessoas religiosas. E não dá para ver que o mundo está totalmente sem religião? Tantas pessoas religiosas e o mundo sem religião! Como é que esse milagre está acontecendo? Todo mundo é religioso, e a soma é falta de religiosidade. A religião é falsa. As pessoas cultivam a

Tantas pessoas religiosas e o mundo sem religião! Como é que esse milagre está acontecendo?

confiança. A confiança tornou-se uma crença, não uma experiência. Elas foram ensinadas a acreditar; não foram ensinadas a saber, que é onde a humanidade se perdeu. Nunca acredite. Se você não pode confiar, é melhor duvidar, porque por meio da dúvida, um dia, a possibilidade surgirá... porque você não pode viver com a dúvida eternamente. A dúvida é doença; é enfermidade. Na dúvida, você nunca pode se sentir realizado. Na dúvida, você sempre vai tremer, na dúvida você permanecerá sempre na angústia, dividido e indeciso. Na dúvida, você vai permanecer num pesadelo; por isso um dia você vai começar a querer saber como ir além dela. Então eu digo que é bom ser ateu em vez de ser teísta, um pseudoteísta.

Você foi ensinado a acreditar. Desde a infância, a mente de todo mundo foi condicionada a acreditar: acreditar em Deus, acreditar na alma, acreditar nisso e naquilo. Agora essa crença entrou nos seus ossos e no seu sangue, mas continua sendo uma crença, você não sabe de fato. E a menos que você saiba, não pode se libertar. O conhecimento liberta; só o conhecimento liberta. Todas as crenças são emprestadas; outras pessoas as deram a você. Elas não desabrocharam em você. E como pode uma coisa emprestada levá-lo para o real, o absolutamente real? Largue tudo o que você pegou dos outros. É melhor ser um mendigo do que ser rico, mas rico não pelo seu próprio mérito, mas graças a bens roubados; rico graças a coisas emprestadas, ricos graças à tradição, ricos graças à herança. Não, é melhor ser um mendigo, mas viver por conta própria. Essa pobreza tem em si uma riqueza, porque ela é verdadeira, e a riqueza da crença é muito pobre. Essas crenças nunca podem ir muito fundo; elas se mantêm, no máximo, à flor da pele. Arranhe um pouco e a descrença aparece.

Você acredita em Deus. Então o seu negócio vai à falência e, de repente, surge a descrença. Você diz, "Eu não acredito, eu não posso acreditar em Deus". Você acredita em Deus e a pessoa que você mais ama morre, e a descrença vem à tona. Você acredita em Deus e só por causa da morte da pessoa amada a crença é destruída? Então essa crença não vale muito. A confiança nunca pode ser destruída. Depois que ele está lá, nada pode destruí-la. Nada, absolutamente nada, pode destruí-la.

Então, lembre-se, há uma grande diferença entre confiança e crença. A confiança é pessoal; a crença é social. A confiança você tem que fazer crescer em você; a crença você pode deixar que fique lá dentro do seu ser, não importa como você seja, e pode ser imposta a você. Jogue fora as crenças. O medo vai surgir, porque, quando você descarta a crença, surge a dúvida. Toda crença está forçando a dúvida em algum lugar, reprimindo a dúvida. Não se preocupe com isso; deixe a dúvida vir. Todo mundo tem que passar por uma noite escura, antes de chegar ao nascer do sol. Todo mundo tem que ultrapassar a dúvida. Longa é a jornada, escura é a noite. Mas, quando, após a longa viagem e a noite escura, a manhã surge, então você sabe que tudo valeu a pena. A confiança não pode ser cultivada. E nunca tente cultivá-la, isto é o que toda a humanidade tem feito.

A confiança é pessoal; a crença é social.

A confiança cultivada se torna crença. Descubra-a dentro de você, não a cultive. Mergulhe fundo dentro do seu ser, até o cerne do seu ser, e descubra-a.

MERECEDOR DE CONFIANÇA OU NÃO

Não é uma questão de saber se você confia em Deus ou se confia em Jesus ou Buda, lembre-se. Se você tem confiança, você apenas confia. Se um cristão diz: "Eu confio só em Jesus, não no Buda", ele não sabe o que é confiança, porque a confiança não conhece distinções. Se você confia em Cristo, você vai confiar no Buda também, porque você não vai ver nenhuma diferença. Talvez os idiomas sejam diferentes, talvez suas formas de expressão sejam diferentes, mas a confiança conseguirá chegar ao cerne da questão, no âmago, e verá que Cristo e Buda existem no mesmo plano. É a mesma consciência, a mesma percepção, a mesma iluminação. Se você confia no Buda, vai confiar em Krishna e Maomé. Se você confia em mim, você vai confiar em Cristo, você vai confiar em Zaratustra.

A confiança não tem destinatário. Ela não é destinada a ninguém. A confiança é uma qualidade interior. Se ela existe, ela existe. É como se você trouxesse uma luz, trouxesse uma lâmpada para a sala. Ora, a luz não vai incidir apenas na mesa, ela vai incidir na cadeira também. E não vai incidir apenas na cadeira, vai incidir nas paredes também e nos quadros pendurados nas paredes.

Ela não vai incidir apenas nas paredes, ela vai incidir no chão e no teto também. Quando você traz luz para o cômodo, a luz simplesmente incide em tudo o que está lá. Assim é a confiança. É uma luz. Se a confiança se acendeu no seu coração, então não faz diferença. Você confia em Deus, você confia em Cristo, você confia em sua esposa, você confia em seu marido, você confia em seu filho, você confia em seu amigo. Você confia no seu inimigo. Você confia na natureza, você confia na morte, você confia na insegurança. Em suma, você apenas confia.

BENDITOS SEJAM OS TOLOS

No centro do nosso ser existe luz. À medida que nos distanciamos do centro, rumo à circunferência, a escuridão se aprofunda. Quanto mais longe estamos de nós mesmos, mais estamos na escuridão. Quanto mais perto chegamos de nós mesmos, mais estamos na luz.

Todo o meu esforço aqui é para ajudá-lo a ver que o real é sagrado, que este mundo é sagrado, que esta vida é divina. Mas, para ver, é preciso primeiro investigar interiormente. A menos que você comece a sentir a fonte de luz dentro de si mesmo, você não será capaz de ver a luz em qualquer outro lugar. Primeiro, ela tem de ser vivenciada dentro do seu próprio ser, para depois ser encontrada em toda parte. Então toda a existência se torna tão cheia de luz, tão cheia de alegria, tão cheia de significado e poesia que o tempo todo você se sente agradecido.

EXISTE EM NÓS UM PROFUNDO IMPULSO NATURAL para ser saudável e inteiro; existe um desejo profundo de ser confiante; existe uma profunda vontade de dizer "sim". Você já observou? Sempre que você diz "sim", uma certa liberdade explode dentro em você; sempre que diz "não", você se retrai. Sempre que diz "não", você fica sozinho, apartado do mundo. Sempre que diz "sim", uma ponte imediatamente começa a se projetar em direção à existência. Diga "sim" e você está relacionado com o mundo, com a existência. Diga "não" e você está apartado dela, não relacionado.

O ódio é não; o amor é sim. Dinheiro é não; oração é sim. As pessoas que duvidam, que são céticas, continuam a acumular dinheiro, porque elas não conseguem confiar na vida. Elas se sentem tão inseguras com a vida que encontram segurança no dinheiro, em algo morto.

As pessoas que amam, e que amaram tremendamente, amaram abundantemente, amaram totalmente e disseram "sim" à vida de todas as maneiras que a vida exige, que nos desafia a dizer, as pessoas que sempre estiveram prontas para dizer "sim", elas não acumulam dinheiro. Não há necessidade.

A vida é essa segurança. Na sua insegurança mais profunda, existe segurança. Em seu desafio mais profundo, existe amor; dentro de seu sofrimento mais profundo existe crescimento. Depois de dizer "sim", você fica num estado de entrega; você se torna religioso.

QUANTO MAIS ABERTO VOCÊ FICA, mais inocente, mais pueril você se torna, mais os ventos da existência começam a soprar dentro e fora de você. Quanto mais você sabe e age como se soubesse, mais você está fechado. Assim você não permite que os ventos da existência soprem em você, assim você está sempre desconfiado, você não confia na vida.

O tolo é aquele que continua confiante; o tolo é aquele que continua confiando apesar de toda a sua experiência. Você o engana e ele confia em você; e você o engana mais uma vez e ele confia em você; e você o engana novamente, e ele confia em você. Então você vai dizer que ele é tolo, ele não aprende. A confiança dele é enorme; a confiança dele é tão pura que ninguém pode corrompê-la.

Seja um tolo no sentido taoista, no sentido zen. Não tente criar uma parede de conhecimento em torno de você. Seja qual for a experiência que vier até você, permita que ela aconteça e depois deixe-a para trás. Continue limpando a sua mente continuamente; continue morrendo para o passado, de modo que possa permanecer no presente, aqui e agora, como se tivesse acabado de nascer, como se fosse apenas um bebê.

No começo, vai ser muito difícil. O mundo vai começar a tirar vantagem de você. Deixe que façam isso, são uns pobres coitados. Mesmo que você seja enganado e ludibriado e roubado, deixe que isso aconteça, porque o que é de fato seu não pode ser roubado de você. Aquilo que é de fato seu, ninguém pode roubar de você. E cada vez que você não permite que as situações o corrompam, essa oportunidade se torna uma integração dentro de você. Sua alma se torna mais cristalizada.

Eu ouvi:

> Um ladrão visitou a casa de um místico sufi à noite e estendeu um xale no chão para embrulhar o saque. Depois de uma longa busca, ele não tinha encontrado nada. Entretanto, o dervixe adormecido no chão tinha rolado para cima do xale. Quando o ladrão veio pegar o xale, viu o dervixe dormindo sobre ele.
>
> Justo quando o ladrão saía de mãos vazias, o dervixe acordou e gritou para ele: "Por favor feche a porta da frente".
>
> "Por que eu deveria?", o ladrão respondeu: "Eu vim e te arranjei um colchão, outra pessoa pode vir e trazer um cobertor também".

Assim, permaneça aberto, não se preocupe. Mesmo que um ladrão não possa roubar nada de você. Ele pode lhe arranjar um colchão ou um cobertor, isso é outra coisa. Ele pode dar alguma coisa a você, mas ele não pode tomar nada de você, porque aquilo que pode ser tomado não é seu.

Aquilo que não pode ser tomado – somente isso é seu. Seja um tolo.

O Zen é o esforço para descartar a mente, desestruturando-a para que sua inocência, que estava escondida atrás da estrutura, volte a se revelar. Você nasceu sem saber nada. Você nasceu com os olhos límpidos, sem nenhum pensamento neles, sem nuvens. O seu céu interior era puro. Então você foi ensinado, condicionado, mil e uma coisas, e você ficou cheio de conhecimento – da escola, da faculdade, da universidade e das experiências da vida. E você foi ensinado a duvidar, porque a dúvida é a inteligência do homem mundano. A confiança é a inteligência do homem religioso.

Você foi ensinado a duvidar, treinado para duvidar, mas por causa da dúvida você ficou fechado. Um homem que duvida não pode permanecer aberto; um homem que duvida sempre se sente inseguro. Um homem que duvida sempre pensa no mundo como se ele fosse o inimigo; o homem que duvida está num embate constante.

Esse embate vai acabar na sua derrota, porque a parte não pode conquistar o todo. Isso não é possível, de modo que você está travando uma luta condenada ao fracasso. Você vai ser derrotado no final. Você pode ter pequenas vitórias aqui e ali, mas elas não contam. Por fim a morte chega, e tudo é levado embora. E nessa luta você não pode desfrutá-la, não pode se deliciar com a vida.

Para se deliciar com a vida é preciso ser tolo, confiar. Leia *O Idiota*, de Dostoievsky. O personagem principal do livro é um personagem zen, um personagem tao, um príncipe que é tolo, absolutamente tolo. Mas suas portas estão abertas, ele não está de forma alguma lutando contra o mundo. Ele está relaxado.

A dúvida é a inteligência do homem mundano. A confiança é a inteligência do homem religioso.

Todas as tensões se acumulam em você por causa da dúvida, todas as tensões fazem morada em seu ser por causa do medo, da insegurança. Você é apenas uma pequena onda no oceano, mas tem medo do oceano e está tentando lutar contra ele. Você vai simplesmente desperdiçar uma oportunidade que poderia se tornar uma celebração, que poderia ter se tornado festiva. A mesma energia que poderia ter sido usada para rir se torna acre e amarga e torna-se venenosa.

Estar vivo... quando eu digo "estar vivo" quero dizer estar vivo em todo o espectro da vida – vivo para chorar e vivo para rir, vivo para lastimar e vivo para amar, todo o espectro. Vejo milhares de pessoas que vivem sem entusiasmo. Elas escolheram uma determinada cor do espectro e espremeram o seu ser. Agora elas estão perdendo, estão perdendo muito, porque você só pode aproveitar a vida quando você é um arco-íris. O riso é possível apenas se você for capaz de chorar e chorar profundamente. A criança chora, esse é o primeiro relacionamento com o mundo. Toda criança recém-nascida chora primeiro. Esse é o primeiro degrau da escada.

O tolo é aquele que vive o arco-íris inteiro. Ele chora, as lágrimas estão fluindo de seus olhos, elas não estão bloqueadas de maneira nenhuma. Ele pode chorar em praça pública. Não se envergonha da vida; sem vergonha ele vive e vive na totalidade, é por isso que

> Todas as tensões se acumulam em você por causa da dúvida, todas as tensões fazem morada em seu ser por causa do medo, da insegurança.

é um tolo, ou pensam que ele seja um tolo. Ele ri e ele se deleita; ele é um arco-íris. E a divindade só vem para aqueles que são como um arco-íris.

Benditos sejam os tolos.

UMA QUALIDADE, NÃO UM RELACIONAMENTO

Se você confia em si mesmo, você confia em tudo, porque você confia na vida. Você confia até mesmo naqueles que vão enganá-lo, mas isso é irrelevante. Isso é problema deles; não é problema seu. Se eles enganam você ou não, não tem nada a ver com a sua confiança. Se você diz: "Minha confiança existe apenas com a condição de que ninguém tente me enganar", então sua confiança não pode existir, porque toda possibilidade vai criar uma certa hesitação em você: "Quem sabe? A pessoa pode me enganar". Como você pode ver o futuro? O engano vai acontecer no futuro, se acontecer. Ou, se não acontecer, isso também acontecerá no futuro, e a confiança tem de ser aqui e agora.

A confiança não pode depender da confiabilidade dos outros. A confiança deve ser uma qualidade em você, e não uma relação.

Você confia em alguém porque essa pessoa é de confiança? Isso não é confiança. Não há dignidade nela, não há glória nela. "Essa pessoa é digna de confiança", então você tem que confiar nela.

A confiança é uma qualidade; se o outro é confiável ou não, se o outro engana você ou não, isso não pode fazer nenhuma diferença na sua confiança. Sua alegria deve ser confiar em si mesmo. Deve ser intrínseca; ela não deve ser dependente do outro.

Ouvi dizer que um homem foi levado pela décima vez ao tribunal. O juiz disse: "Você deveria ter vergonha na cara. Já foi trazido aqui umas dez vezes! E olhe só quem você enganou! O homem mais inocente da cidade".

O criminoso disse: "Senhor, se eu não enganar um inocente, vou enganar quem? Os inocentes são os mais fáceis de enganar. O que o senhor quer que eu faça? Engane as pessoas que não são inocentes?"

O juiz disse: "Você parece muito astuto, distorcendo o que estou falando".

O homem disse: "Mas o senhor disse que eu deveria ter vergonha por já ter sido trazido dez vezes aqui no tribunal.

Sua alegria deve ser confiar em si mesmo. Deve ser intrínseca; ela não deve ser dependente do outro.

Não é culpa minha! Diga a esses policiais, esses idiotas que foram me pegar! Eu disse a eles que o juiz ficaria irritado, que não há nenhum sentido em me levar ao tribunal toda vez, mas ninguém me escuta".

Se você está confiante, as pessoas vão enganar você. E naturalmente, quando algumas pessoas enganam você, sua confiança na humanidade desaparece.

Isto é muito estranho: cinco pessoas enganaram você e cinco bilhões de pessoas na Terra perdem a sua confiança? Você deveria apenas tentar entender um pouco de aritmética. E as pessoas que enganaram você, o que vão ganhar? Talvez algum dinheiro. Mas, se ainda pode confiar nelas, você ganhou algo que nenhum dinheiro pode comprar.

Eu costumava viajar de trem com frequência. Uma vez, de Indore para Khandva, eu cheguei e ainda tinha de esperar uma hora para pegar o outro trem para Mumbai. Então fiquei sentado no compartimento sozinho; os outros passageiros já tinham ido embora, era a última parada daquele trem.

Um homem veio com lágrimas nos olhos. Eu disse: "Pode secar essas lágrimas e me contar sua história".

Ele disse: "História?

Eu disse: "Seja o que for, pode ser verdadeira ou não, apenas me conte a sua história".

Ele disse: "Minha mãe morreu".

Eu disse: "Eu sabia!" E lhe dei uma rúpia.

Ele disse: "Eu preciso desse dinheiro. Sou muito grato. Ninguém dá esmola hoje em dia". Ele foi embora, mas deve ter pensado: "Este homem parece muito ingênuo. Ele me deu uma rúpia sem nem pedir detalhes". O homem simplesmente colocou um casaco e um boné e voltou.

Eu disse: "Onde estão as lágrimas?"

Ele disse: "Que lágrimas?"

Eu disse: "Você é outra pessoa, mas qual é a história?

Ele disse desta vez: "Meu pai morreu".

Eu disse: "Tome aqui uma rúpia, porque eu dou uma rúpia a qualquer um que me traga uma história. A mãe morreu, o pai morreu, logo alguém vai vir e a esposa dele morreu, alguém virá e seu filho morreu. Ainda preciso esperar uma hora e tenho dinheiro suficiente para uma hora. Agora vá, vá rápido!"

Ele disse: "Por que rápido?"

Eu disse: "Você vai ter que trocar de roupa. Apenas vá".

Ele disse: "Meu Deus, você me reconheceu?"

Eu disse: "Não, eu não o reconheci. Como posso reconhecê-lo? O chapéu, o casaco, tudo tão novo! Nunca antes vi você de casaco, chapéu. E seus parentes estão morrendo tão rápido, então simplesmente vá".

Da terceira vez, ele hesitou em vir. Mas a ganância era tanta que não conseguiu resistir à tentação. Guardou o casaco, a camisa; voltou apenas com um sarongue. Eu disse: "Isso é ótimo, se encaixa! Está tão quente que eu estava preocupado com a camisa e o casaco e o boné. Agora quem morreu?"

Ele disse: "Meu Deus, é estranho, mas é um dia muito infeliz. Você estava certo, minha esposa morreu".

Eu disse: "Tome uma rúpia. Vá para casa e descubra se alguém mais morreu. E não precisa vir nu. Você pode vir apenas com o sarongue; caso contrário, a polícia pode pegá-lo e você vai ficar em apuros". E eu disse, "E eu vou ficar em apuros também".

Ele disse: "Por que você vai ficar em apuros?"

"Porque vou ficar aqui esperando por você e ninguém vai aparecer. Se você for pego pela polícia vai ser uma grande preocupação para mim: 'O que aconteceu com o pobre rapaz? Tantas pessoas morreram e eu nem perguntei o nome dele; caso contrário, eu poderia ir à casa dele'. Mas lembre-se de que você mesmo não pode morrer, caso contrário, quem vai vir me pedir uma rupia?"

Ele estava realmente chocado. Da quarta vez, veio com as quatro rúpias, dizendo: "Pode pegar de volta, eu não posso aceitá-las".

Eu disse: "Mas por quê? O que vai acontecer com o seu pai, sua mãe, sua esposa? Eles todos morreram. Pode pegar mais, se quiser, se não for o suficiente".

Ele disse: "Ninguém morreu. Essa é só a minha profissão. Eu engano as pessoas, mas não posso mais enganá-lo".

Eu disse: "Por que você não pode me enganar? Estou aqui, só à espera de ser enganado! Apenas sentado aqui; não há mais nada que eu possa fazer a não ser ficar aqui e ser enganado. Você não precisa demorar muito, só dê uma volta pela estação ferroviária e volte, pegue mais uma rúpia. Não precisa, a partir de agora, me contar nenhuma história. Só venha com a mão estendida e eu vou entender que alguém morreu".

Ele disse: "Não, isso é... ninguém morreu; todo mundo está vivo. Só pegue as suas rúpias de volta".

Perguntei: "Por que você está se sentindo tão culpado? Não há problema, estou gostando da brincadeira.

Sentado aqui, não há nada mais a fazer. E você está me oferecendo tanta diversão, uma rúpia não é nada".

Mas ele não aceitou, e disse, "Ninguém jamais confiou em mim, e você é simplesmente louco ou sei lá o quê, mas continua confiando. Você acredita mesmo que minha esposa morreu?"

Eu disse: "Eu acredito mesmo, porque o homem é mortal, as pessoas morrem. Sua esposa não é imortal. Não fique preocupado, ela vai morrer, se não morreu hoje, amanhã ela morre. Guarde a rúpia com você; talvez esteja apenas contando a história um pouquinho antes que aconteça".

Ele disse: "Eu não vou tomar dinheiro de você, e a partir de hoje vou parar com esse negócio de contar mentiras às pessoas. O dia inteiro eu tenho que dizer: 'Meu pai morreu, minha mãe morreu'. Às vezes, a minha esposa morre doze vezes num dia. Você é a primeira pessoa que acreditou em mim e está disposto a acreditar".

Eu disse: "Simplesmente vá e conte quantas pessoas estão vivas na sua casa e quem já morreu. Pelas mortas você já ganhou o dinheiro; pelas vivas você ainda pode ganhar mais rúpias. Algum dia elas vão morrer mesmo, e então você pode não conseguir mais me encontrar... porque vou ficar aqui apenas mais uma hora e depois vou embora".

Eu costumava passar sempre por Khandva, porque é uma conexão – para Nagpur, para Indore, para Jabalpur, para Mumbai

– e aquele homem sempre vinha me trazer frutas, flores. Eu dizia: "Isso não está certo, você é pobre".

Ele dizia: "Eu sou pobre, mas não tão pobre que não possa ver que você não pode me insultar. Você não pode insultar nenhum ser humano, você não consegue desconfiar. E o que posso tirar de você? Algumas rúpias, mas não posso tirar de você sua confiança na humanidade".

Pois confiar na humanidade é uma grande alegria. Faz parte de ser religioso. Confie em todo mundo, incluindo aqueles que querem enganar você. Eles têm as suas dificuldades; eles têm os seus problemas.

E hoje o mundo não é como nos velhos tempos, quando as pessoas costumavam cumprir suas promessas. Em cada esquina você vai encontrar pessoas quebrando promessas, deixando de cumprir sua palavra, enganando você embora você confiasse nelas. Mas em que elas podem enganá-lo? Podem tirar de você apenas coisas materiais! Se perder a confiança, então certamente elas o destruíram.

A confiança é imaterial, é espiritual. Se você confiar em mim e ficar feliz com isso, então confie no mundo todo – esses cinco bilhões de pessoas não enganaram você, esses milhões de estrelas não enganaram você, essas árvores e oceanos e rios não enganaram você. Apenas algumas pessoas podem ter enganado você e, por causa dessas poucas pessoas você vai desconfiar da

> Confie em todo mundo, incluindo aqueles que querem enganar você. Eles têm as suas dificuldades; eles têm os seus problemas.

existência? Será uma grande perda. Você vai estar perdendo essa bela qualidade.

Sou a favor de ver a confiança como uma qualidade, não como uma relação. Não a faça depender de outra pessoa, do que ela faz. Você confia nela porque ela é humana. E os seres humanos têm as suas fraquezas, suas fragilidades, suas limitações. Você confia neles, apesar de todas as suas fraquezas, todas as suas fragilidades, todas as suas limitações. Essa confiança se tornará uma rocha sólida dentro de você, o alicerce de um novo ser, de uma nova vida. E talvez, se você tiver essa base sólida, mesmo aquelas pessoas que têm enganando você podem não ser mais capazes de enganá-lo. Apenas o seu próprio ser...

> Sou a favor de ver a confiança como uma qualidade, não como uma relação. Não a faça depender de outra pessoa, do que ela faz.

Eu estava dormindo no trem e havia ali comigo só mais uma pessoa. Eu estava no beliche superior. No meio da noite, a pessoa se preparou para sair do trem. Era uma ótima chance, porque toda a minha bagagem estava no chão e ela viu que eu estava dormindo. Então disse aos seus servos para pegar tudo. Apenas o meu dinheiro estava num livro de bolso.

Então, quando o homem tinha mandado pegar tudo, eu disse: "Espere!"

Então ele disse: "Você está acordado?"

Eu disse: "Eu estava acordado o tempo todo. Vocês pegaram tudo, só deixaram este livro de bolso com o meu dinheiro. Tome o dinheiro também. Sempre faça tudo por completo".

Ele disse: "Meu Deus!" Ele gritou aos seus servos: "Tragam de volta as coisas deste homem, ele é perigoso".

O chefe da estação veio correndo, junto com o maquinista e o condutor, "Qual é o problema?". E o homem estava morrendo de medo que eu contasse que ele estava me roubando tudo.

Eu disse: "Não é nada. Ele achou que estava levando tudo. Mas seu erro não foi completo, e eu sou contra coisas incompletas. Então estava dando a ele o meu dinheiro e dizendo, 'Leve isso também, assim o roubo está completo'".

Eles disseram: "Quer que prendamos este homem e o levemos à polícia?"

Eu disse: "Não, porque ele é um bom sujeito. Não aceitou o dinheiro e trouxe todas as minhas coisas de volta".

Ele estava tão nervoso que deixou uma das malas dele comigo também. Tive que enviar a mala de volta na estação seguinte, dizendo, "Encontrem esse homem". Pelo menos havia um nome na mala, "Então, encontre-o". Ele era de fato um bom sujeito. Ficou tão nervoso, talvez fosse a primeira vez que tentava roubar coisas.

Os seres humanos são seres humanos. O que ele estava fazendo? Só pegando algumas coisas que não pertencem a mim, mas nada pertence a ninguém, só a confiança pertence a você. As coisas não pertencem a você. Então deixe a sua confiança ser tão cósmica quanto possível.

TENHA CUIDADO COM O CONHECIMENTO

A palavra "agnóstico" vem da palavra "gnóstico". "Agnóstico" significa aquele que diz: "Não estou certo disto nem daquilo". Quem é gnóstico? O gnóstico é aquele que sabe. Esse é o significado de gnóstico: conhecedor. O agnóstico é silencioso, porque ele não sabe o que é certo e o que é errado; o que é sim, o que é não. O gnóstico também é silencioso, porque ele experimentou uma realidade que é inexprimível.

Eu sou gnóstico e gostaria que todos vocês fossem gnósticos: chegassem a um ponto da experiência em que coisas além das palavras aconteçam, em que a linguagem é deixada para trás, anos-luz para trás, em que não há possibilidade de conceituar sua experiência. Você não pode dizer: "Deus existe". Você não pode dizer: "Deus não existe". Você não pode nem dizer: "Eu não posso dizer essas coisas". Você pode ser simplesmente silêncio. E aqueles que podem compreender o silêncio vão entender a resposta.

HÁ UMA DISTINÇÃO MUITO IMPORTANTE entre conhecimento e saber. O conhecimento só parece saber, ele não sabe. O saber pode não parecer saber, mas ele sabe. O conhecimento é emprestado, o saber próprio. O conhecimento é verbal, o saber se adquire

> Quando o saber
> acontece, você está
> livre, está liberto.
> O conhecimento
> o aprisiona
> ainda mais.
> O conhecimento
> prende.
> O saber liberta.

vivendo. O conhecimento são informações adquiridas aqui e ali.

O saber é existencial, você viveu aquilo que sabe. Isso chegou através da sua própria experiência. É uma experiência. Quando o saber acontece, você está livre, está liberto. O conhecimento o aprisiona ainda mais. O conhecimento prende. O saber liberta.

O paradoxo é que o homem de conhecimento afirma que sabe e o homem de saber nem sequer sabe que sabe. O homem de saber é inocente.

Há um tratado místico muito famoso no Ocidente, o único do Ocidente, ninguém sabe quem escreveu, ninguém sabe de onde veio, mas deve ter resultado de uma experiência tremenda. O nome do tratado é *A Nuvem do Não Saber*. É da autoria de um homem de saber, mas ele o chama *A Nuvem do Não Saber*. O autor diz: "Quando passei a saber, esqueci todo o conhecimento; todo o conhecimento desapareceu".

Não é preciso conhecimento quando você sabe. Quando você não sabe, você se agarra ao conhecimento, porque só através desse conhecimento você pode fingir que sabe. Quando você sabe, pode esquecer o conhecimento. Se você não sabe, como pode se dar ao luxo de esquecer? Assim, apenas os maiores homens e mulheres de saber foram capazes de esquecer o conhecimento. Esse é o auge, e tem de ser lembrado.

Torne-se uma pessoa de saber – torne-se uma nuvem de saber, que é a mesma coisa em outras palavras. Saber é quase como não saber, pois no saber não existe um "sabedor". O ego não existe. Dentro do conhecimento existe uma divisão, a divisão entre o conhecido e o conhecedor, a divisão entre sujeito e objeto. No saber não existe divisão. O saber não é um divisor. Ele é unitivo, ele une.

A ciência é um tipo de conhecimento. A religião, um tipo de saber ou não saber. Por isso seus caminhos nunca se cruzam, nunca vão se cruzar. Onde a ciência termina, a religião começa. Onde a astúcia termina, a inocência começa. Quando o conhecedor desaparece, o saber entra em cena.

Na história bíblica da expulsão de Adão do Paraíso, existe uma coisa que é preciso entender dentro desse contexto. A história é tão bonita que eu sempre volto a ela, com significados diferentes, com diferentes interpretações.

Deus disse a Adão: "Você pode experimentar todos os frutos deste jardim, mas existem duas árvores – uma é chamada a Árvore da Vida, a outra é chamada a Árvore do Conhecimento. Peço que nunca coma da Árvore do Conhecimento".

Ele menciona duas árvores, a Árvore da Vida e a Árvore do Conhecimento. Não diz nada sobre a Árvore da Vida. Simplesmente diz: "Não coma da Árvore do Conhecimento".

Mas Adão era muito curioso, por isso a serpente conseguiu convencê-lo. Caso contrário a serpente não teria conseguido ser tão persuasiva, não teria tido êxito. No fundo, Adão deve ter ficado curioso como relação à árvore – como toda criança é, e Adão foi o primeiro filho e Deus foi o primeiro pai. Adão foi persuadido a comer da Árvore do Conhecimento.

Ele comeu e tornou-se um conhecedor. No mesmo instante sentiu-se envergonhado, se sentiu nu. Até então ele era inocente – a inocência era primordial, absoluta e incondicional. Ele não estava ciente de que estava nu. Na verdade, não estava ciente nem mesmo de que existia. O ego entrou em cena. Do fruto da Árvore do Conhecimento, o ego foi criado.

No momento em que você se torna consciente do seu ego, você é expulso da beleza, da bênção, do prazer, da alegria que a vida tem para lhe oferecer.

Adão ficou alerta: começou a julgar se ele era bonito ou não, se era bom ficar nu ou não; ele se tornou consciente do próprio corpo. Pela primeira vez, ele se tornou autoconsciente. Até então, não tinha sido autoconsciente. Não que ele não estivesse consciente, ele estava, mas não havia nenhum "eu". A consciência era pura, desobstruída. A consciência era apenas luz pura. Mas de repente o ego surgiu como um pilar no meio da consciência, um pilar escuro, um dos pilares da escuridão.

E a história diz que Adão foi expulso.

Na verdade, Deus não precisou expulsá-lo. Adão expulsou a si mesmo ao comer o fruto da Árvore do Conhecimento.

O conhecimento é a expulsão. No momento em que você se torna consciente do seu ego, você é expulso da beleza, da bênção, do prazer, da alegria que a vida tem para lhe oferecer.

Ora, o que aconteceu com a outra árvore, a Árvore da Vida? Nada dizem sobre ela. Minha própria interpretação é que, se Adão tivesse comido primeiro da Árvore da Vida e, depois, da Árvore do Conhecimento, não teria ocorrido nenhuma expulsão. Se o conhecimento tivesse vindo através da vida, se o conhecimento tivesse vindo através da experiência, não teria ocorrido nenhuma expulsão. O conhecimento de Adão era falso. Ele não veio através de sua própria experiência; foi uma apropriação, era imaturo; daí a expulsão. Era emprestado, não era dele.

Quando o conhecimento vem através da experiência, ele liberta. Ele torna você mais feliz, mais fascinado com a existência. Se Adão tivesse comido primeiro o fruto da Árvore da Vida e depois o fruto da Árvore do Conhecimento, não teria ocorrido nenhuma expulsão do Jardim do Éden. Adão inverteu o processo: comeu da Árvore do Conhecimento primeiro. E depois que come da Árvore do Conhecimento, você começa a perder a vida. E então você não pode comer da Árvore da Vida, por isso a expulsão é autoimposta.

> Se Adão tivesse comido primeiro o fruto da Árvore da Vida e depois o fruto da Árvore do Conhecimento, não teria ocorrido nenhuma expulsão do Jardim do Éden.

Lembre-se: o conhecimento pode vir de duas formas. Você pode pegá-lo dos outros – dos livros, das pessoas, da sociedade – e reivindicá-lo como seu. Mas aí você é expulso do Jardim do Éden. E lembre-se de que a expulsão é autoimposta, ninguém está expulsando você. Sua própria abordagem ao conhecimento, que é muito errada, torna-se uma barreira. Mas o conhecimento pode ser alcançado de outra maneira, isto é, através da experiência, através da vida.

Coma o fruto da Árvore da Vida primeiro e, desse modo, o conhecimento vem silenciosamente. Sem sequer um sussurro, ele surge em sua alma.

HÁ UMA OUTRA PARÁBOLA BÍBLICA em que Deus, quando criou o mundo, pediu a Adão para dar nome às coisas. Ele trouxe o leão e perguntou a Adão: "Que nome você dá a este animal?" Depois trouxe o elefante e perguntou: "Que nome você dá a este animal?" E Adão deu nome a todas as coisas. Desde então o ser humano tem feito o mesmo.

Todo seu conhecimento nada mais é que colocar rótulos, dar nomes. Se você pergunta a alguém "Você conhece esta flor?" e essa pessoa diz: "Sim, sei que é uma rosa", o que é que ela sabe? Apenas o nome. O que mais você sabe? Por saber o nome "rosa", você conhece a rosa? Ao conhecer a palavra "Deus", você conhece Deus? Ao saber o nome "amor", você conhece o amor? Essa parábola também é linda. Adão foi muito tolo. Ele deveria ter dito "Mas como eu posso dar nomes? Não conheço essas coisas!". Mas ele deu nomes – elefante, rosa, leão, tigre – e, desde então, isso é o que o ser humano tem feito ao longo dos séculos, apenas nomear as coisas. Se você sabe o nome da pessoa, acha que conhece a pessoa. Então, quando você apresenta as pessoas umas às outras, você simplesmente diz o nome delas ou o

> Todo seu conhecimento nada mais é que colocar rótulos, dar nomes.

país de onde são, a raça. Mas o que você está fazendo? A pessoa é conhecida dessa maneira? A pessoa é vasta, imensa, como você pode rotular e conhecer a pessoa pelo rótulo? Mas dar nomes causa uma falsa impressão, como se você conhecesse a pessoa.

> Um casal que tinha acabado de construir uma casa mal tinha se mudado quando os vizinhos vieram conhecê-la. É claro que a conversa foi sobre a casa nova.
>
> "É muito bonita", comentou um dos vizinhos, "mas não vejo por que vocês a chamam de bangalô."
>
> "Bem", explicou o proprietário, "nós apenas não sabíamos como chamá-la. Como também não sabemos como é um bangalô, resolvemos chamá-la assim."

É preciso chamá-la de alguma coisa! É preciso usar palavras, então continuamos rotulando as coisas e depois achamos que as conhecemos. O que exatamente você sabe? Se descartar os nomes que se acumularam na sua mente, o que vai restar? Nada! E esse nada tem que ser constatado, porque, a menos que reconheça esse nada, você nunca vai avançar na direção certa.

A direção certa é o saber, não o conhecimento.

VIVER SEM CRENÇA É UMA GRANDE OUSADIA

A primeira coisa que você tem que aprender é que tudo o que sabe não é um saber real. Não é o seu saber, portanto, não é de verdade.

Coloque isso de lado, é tudo lixo!, para que então possa saber. Você está olhando através dos olhos de outras pessoas, como pode enxergar alguma coisa? Você não pode ver através dos meus olhos; isso é impossível. Você precisa ter os seus próprios olhos para ver. E isso vale não só para os seus olhos exteriores, mas também para os seus olhos interiores.

Purifique-se de todas as informações e conhecimentos emprestados, livre-se desse fardo, e a sua própria natureza vai vir à tona, e um tipo totalmente novo de sabedoria acontece: uma grande clareza e visão das coisas, dos problemas, da vida.

A VIDA É UM MISTÉRIO. Quanto mais você a entende, mais misteriosa ela fica. Quanto mais você sabe, menos você sente que sabe. Quanto mais você se torna consciente das profundezas, das profundezas infinitas, mais impossível fica dizer alguma coisa sobre isso. Daí o silêncio. Uma pessoa que sabe vive em tamanho assombro, com tamanha admiração infinita, que até mesmo a respiração para. Diante do mistério da vida, a pessoa se perde completamente.

Mas existem problemas e o primeiro problema com o mistério da vida é que há sempre a possibilidade de fraudes, pessoas que podem enganar, pessoas que podem ludibriar. No mundo da ciência, isso não é possível. A ciência caminha num terreno plano, com infinita cautela; é lógica, racional. Se você disser algo sem sentido, é pego no ato, porque tudo o que você diz pode ser verificado. A ciência é objetiva e qualquer afirmação, qualquer declaração, pode ser verificada em experimentos de laboratório.

Com a religião tudo é interior, subjetivo, misterioso, e o caminho não é plano. É uma trilha montanhosa. Há muitos altos e baixos, e o caminho é como uma espiral. Várias e várias vezes você chega ao mesmo lugar, talvez só um pouco mais alto. E nada do que você diz pode ser verificado, não existe um critério de verificação. Porque é algo interior, nenhum experimento pode provar ou refutar; como é misterioso, nenhuma argumentação lógica pode concluir isto ou aquilo.

É por isso que a ciência é uma só, mas existem quase três mil religiões no mundo. Você não pode provar que uma religião é falsa. Nem pode provar que outra religião seja verdadeira ou autêntica. Isso não é possível, porque nenhum teste empírico é possível.

Um Buda diria que não existe nenhum eu interior. Como provar ou como refutar isso? Se alguém diz: "Eu vi Deus" e isso parecer sincero, o que fazer? A pessoa pode estar iludida, pode ser louca. Ela pode ter visto uma alucinação ou pode de fato ter visto a realidade da existência. Mas como provar ou refutar isso?

A pessoa não pode partilhar a sua experiência com ninguém, ela é interior. Não é como um objeto que você possa colocar no meio da sala para todo mundo ver, e todo mundo possa fazer experimentos com ele e dissecá-lo. Você tem que encarar com fé. Essa pessoa pode parecer absolutamente sincera e pode estar iludida. Ela pode não estar enganando você, tentando ludibriar você ou pode estar ela mesma enganada.

A ciência é uma só, mas existem quase três mil religiões no mundo. Você não pode provar que uma religião é falsa. Nem pode provar que outra religião seja verdadeira ou autêntica.

Pode ser uma pessoa muito sincera, mas ter visto Deus num sonho e pensar que é real, às vezes os sonhos têm uma qualidade tal que parecem mais reais do que a própria realidade. Então os sonhos parecem visões. Ela ouviu a voz de Deus e está tão certa dessa voz, tão emocionada! Mas o que fazer? Como provar que a pessoa não enlouqueceu, que não projetou sua própria mente e ideias? Não há como.

Se existe uma pessoa verdadeiramente religiosa, existem noventa e nove outras ao redor dela. Algumas são iludidas: gente simples, de bom coração, que não quer fazer mal a ninguém, mas ainda assim faz. Também existem trapaceiros, ladrões, mentirosos: gente esperta, astuta, que está praticando o mal conscientemente, mas acha que o mal compensa.

Não existe negócio melhor neste mundo do que a religião. Você pode prometer e não precisa entregar as mercadorias, porque as mercadorias são invisíveis. Quando as coisas são invisíveis, você pode passar a vida vendendo, prometendo. Não há necessidade de entregar as mercadorias, porque, em primeiro lugar, elas são invisíveis, porque ninguém nunca pode detectá-las. Por isso não há negócio melhor do que a religião, porque os bens são invisíveis. Tenho visto muitas pessoas que estão sendo enganadas e muitas pessoas enganando. E a coisa é tão sutil que

Não existe negócio melhor neste mundo do que a religião. Você pode prometer e não precisa entregar as mercadorias, porque as mercadorias são invisíveis.

nada pode ser dito, nem contra nem a favor. Isso pode continuar porque todo o fenômeno é invisível.

O que fazer? Como julgar? Como decidir?

A religião é sempre perigosa. É perigosa porque o próprio terreno é misterioso, irracional. Vende-se qualquer coisa, e não há nenhuma maneira exterior de julgá-la. E há pessoas com mente ingênua, sempre prontas a acreditar em algo, porque precisam de uma muleta. Sem crença, elas sentem falta de um porto seguro, sentem-se à deriva; precisam de alguém em quem acreditar, precisam de um lugar aonde ir e sentir-se ancoradas e enraizadas.

A crença é uma necessidade profunda nas pessoas. Por que uma necessidade profunda? Porque sem crença você se sente um caos; sem crença você não sabe por que existe; sem crença você não consegue ver nenhum significado na vida. Parece não existir nenhum significado. Você se sente um mero acaso, sem nenhuma razão para estar aqui. Sem crença, surge a pergunta: Por que você é como é? Quem é você? De onde você vem? Para onde você vai? E não há uma resposta única. Sem crença não há resposta. A pessoa se sente simplesmente sem sentido, ou seja,

A crença é uma necessidade profunda nas pessoas. Por que uma necessidade profunda? Porque sem crença você se sente um caos; sem crença você não sabe por que existe; sem crença você não consegue ver nenhum significado na vida. Você se sente um mero acaso, sem nenhuma razão para estar aqui.

um acidente na existência, nem um pouco necessária, não indispensável. Você vai morrer e ninguém vai se incomodar com isso; todos vão continuar. Você sente que algo está faltando, um contato com a realidade, uma certa crença. Isso é porque existem religiões – para fornecer as crenças, porque as pessoas precisam delas.

Uma pessoa sem crença tem que ser muito, mas muito corajosa. Viver sem crença é viver no desconhecido; viver sem crença é uma grande ousadia. As pessoas comuns não conseguem aguentar isso. Com ousadia demais, a angústia vem, a ansiedade se instala.

E isso tem que ser observado: para mim, uma pessoa realmente religiosa é alguém sem crença. Confiança ela tem, mas não tem crença; e existe uma grande diferença entre as duas coisas.

> Os indivíduos não são ruins, as multidões são simplesmente loucas, porque numa multidão ninguém se sente responsável.

A crença é intelectual. Você precisa dela, é por isso que você tem. Ela existe porque você não pode viver sem crença. A crença lhe dá um suporte para viver; dá a você um certo significado, por mais falso que seja; dá a você um determinado projeto de vida, como avançar, para onde avançar. Você está na estrada, não perdido na floresta. A crença lhe dá uma mercadoria, existem outros crentes como você; você se torna parte da multidão. Então você não precisa pensar em seu próprio país, então você não é mais responsável pelo seu próprio ser e pelo que você está fazendo. Agora você pode jogar a responsabilidade na multidão.

Um indivíduo hindu nunca é tão ruim quanto uma multidão hindu. Um indivíduo muçulmano nunca é tão ruim quanto uma multidão muçulmana. O que acontece? Os indivíduos não são ruins, as multidões são simplesmente loucas, porque numa multidão ninguém se sente responsável. Numa multidão, você pode cometer assassinatos num piscar de olhos, porque sabe que a multidão é que está agindo e você é apenas uma onda dentro dela. Você não é o fator decisivo, por isso não é responsável. O indivíduo, sozinho, sente uma responsabilidade. Você vai se sentir culpado se cometer algo nocivo. De acordo com a minha observação, o pecado existe nas multidões, nenhum indivíduo é pecador. E indivíduos, mesmo que tenham cometido algum erro, podem se redimir com muita facilidade; mas para multidões isso é impossível, porque as multidões não têm alma, não têm centros. A quem recorrer? Por tudo o que acontece neste mundo – o demônio, as forças do mal –, a multidão na verdade é responsável. As nações são o demônio; as comunidades religiosas são as forças do mal.

A crença faz parte de uma multidão maior do que você, e há uma sensação de euforia quando você faz parte de algo maior – de uma nação, Índia ou Estados Unidos ou Inglaterra –, então você não é apenas um minúsculo ser humano. Uma grande energia vem até você e você se sente eufórico. A euforia é sentida. É por isso que, sempre que o país está em guerra, as pessoas se sentem eufóricas, em êxtase. De repente, a vida delas cria significado. Elas existem para o país, para a religião, para a civilização; agora têm um objetivo a ser alcançado e um tesouro a ser protegido. Agora já não são pessoas comuns, elas têm uma missão maior.

A crença é a ponte entre o indivíduo e a multidão.

A confiança é totalmente diferente. A confiança não é um conceito intelectual. A confiança é uma qualidade do coração, não da cabeça. A crença é uma ponte entre o indivíduo e a multidão, e a confiança é uma ponte entre o individual e o cosmos. A confiança é sempre em Deus... e quando digo "Deus", não quero dizer qualquer crença em Deus. Quando digo Deus, eu simplesmente me refiro ao todo.

A confiança é um profundo entendimento de que você é apenas uma parte, uma nota numa grande sinfonia, apenas uma pequena onda no oceano. Confiança significa que você tem que seguir o todo, fluir com o todo, estar de acordo com o todo. Confiança significa: eu não estou aqui como um inimigo, eu não estou aqui para lutar. Estou aqui para desfrutar da oportunidade que a mim foi dada; estou aqui para ser grato e celebrar. A confiança não é numa doutrina; você não precisa ser hindu, não precisa ser muçulmano, não precisa ser jainista ou sikh. A confiança é um compromisso entre o indivíduo e o todo. A confiança faz de você uma pessoa religiosa – não hindu, não muçulmano, não cristão, mas simplesmente religiosa.

A confiança não tem nome. A crença faz de você um hindu, um muçulmano, um cristão. A crença tem

>
>
> A confiança é um profundo entendimento de que você é apenas uma parte, uma nota numa grande sinfonia, apenas uma pequena onda no oceano. Confiança significa que você tem que seguir o todo, fluir com o todo, estar de acordo com o todo.

nomes, milhões de nomes. Existem milhares de crenças, você pode escolher. A confiança tem apenas uma qualidade, a qualidade de se render ao todo, a qualidade de se mover de acordo com o todo, a qualidade de não forçar o todo a segui-lo, mas simplesmente mover-se com ele.

A confiança é uma transformação.

A confiança não é em palavras, em escrituras. A confiança é em relação à vida, à própria energia que move o todo. Você confia nela e flui com ela. Se ela o leva para baixo no turbilhão, você vai para baixo no turbilhão. Se o leva para fora do turbilhão, você vai para fora. Você a acompanha, você não tem uma opinião própria sobre isso. Se ela faz você ficar triste, você fica triste. Se o faz ficar feliz, você fica feliz. Você apenas se move com ela, sem mente própria, e de repente percebe que chegou a um ponto em que a bem-aventurança vai ser eterna. Em sua tristeza você também será feliz, porque ela não tem nada a ver com você. O todo é que a faz dessa maneira, e você está se movendo com ele. Felicidade, ok. Tristeza, ok. Você simplesmente está "ok". Tudo é aprovado. Isso é o que um homem religioso é: ele não tem mente própria. A crença tem uma mente própria muito forte.

> A confiança não é em palavras, em escrituras. A confiança é em relação à vida, à própria energia que move o todo.

E quando está muito cheio de crenças, você pode imaginar coisas. Pode ver coisas que não existem e deixar de ver coisas que existem. A mente que está cheia de crenças é uma mente que pode projetar qualquer coisa de acordo com essas crenças. Se você vir coisas, lembre-se sempre disso.

As pessoas me procuram... Se alguém acredita em Krishna e medita, Krishna começa a aparecer para essa pessoa. "Visões." Mas Cristo nunca aparece. Um cristão começa a fazer meditação, então Krishna nunca o perturba em sua meditação. Somente Cristo aparece. Para um muçulmano, nem Krishna, nem Cristo aparecem, e Maomé não pode aparecer porque os muçulmanos não têm imagens de Maomé. Eles não sabem como era a aparência de Maomé, então não podem projetar.

A mente que acredita é sempre vulnerável e sempre cria oportunidades para ser explorada por trapaceiros – e trapaceiros existem em todo lugar.

Tudo em que você acredita, você projeta. A crença é uma projeção. É como um projetor numa sala de cinema: você vê algo na tela que não está lá. O projetor está escondido atrás, mas você nunca olha para o projetor, você olha para a tela. O projetor está na parte de trás e tudo está acontecendo ali, mas você olha para a tela. O jogo inteiro está acontecendo em sua mente, e uma mente cheia de crenças sempre continua projetando coisas no mundo, vê coisas que não estão lá. Esse é o problema. A mente que acredita é sempre vulnerável e sempre cria oportunidades para ser explorada por trapaceiros – e trapaceiros existem em todo lugar. O caminho todo é cheio de ladrões, porque não existe nenhum mapa.

Mover-se para a religião é mover-se para o desconhecido, para o não mapeado. Ladrões podem florescer ali muito facilmente, podem esperar por você – e eles estão esperando. E, às vezes, mesmo que a pessoa não esteja enganando você, você *quer* ser enganado, então vai ser enganado. Ninguém pode enganá-lo se, no fundo, você não estiver pronto para ser enganado.

Apenas alguns dias atrás um homem veio a mim e disse: "Um baba me enganou, e ele é um grande yogi". Eu perguntei a ele: "O que ele fez?" O homem disse: "Ele pode transformar qualquer material em ouro. Ele me mostrou e eu vi acontecer diante dos meus próprios olhos. Então ele disse que eu deveria trazer todo o meu ouro e ele faria com que aparecesse dez vezes mais. Então eu juntei todas as minhas joias e ele simplesmente fugiu com elas. Ele me enganou".

Todo mundo vai achar que esse baba enganou o homem, mas eu disse a ele: "Foi sua ganância que o enganou. Não jogue a responsabilidade em ninguém. Você é simplesmente tolo. A ganância é tola. Você queria que suas joias fossem multiplicadas por dez, essa mente enganou você, e a outra pessoa só aproveitou a oportunidade. Ela é apenas inteligente, isso é tudo. Você é o verdadeiro problema. Se ele não o tivesse enganado, outra pessoa teria feito isso".

Então, a questão não é quem engana você. De acordo com a minha observação, se alguém o engana, isso mostra uma certa propensão, em você, para ser enganado. Se alguém pode mentir para você, isso significa que você tem uma certa afinidade com a mentira. Um homem de verdade não pode ser enganado. Um homem que vive na verdade não pode se tornar vítima de mentirosos. Apenas um mentiroso pode ser enganado por outro mentiroso; caso contrário, não há nenhuma possibilidade. Existem milhões de pessoas prontas para serem enganadas, que estão simplesmente à espera de alguém para vir enganá-las, por causa de suas crenças, por causa de seus desejos viciosos, devido à sua ganância. E lembre-se bem de que ganância é ganância. Se ela existe no mundo material ou no espiritual, não faz diferença. A qualidade continua sendo a mesma. Você gostaria de encontrar alguém que fizesse o seu ouro se multiplicar por dez, isso é ganância. Então, alguém diz: "Eu vou fazer de você uma pessoa iluminada" e você concorda na hora. Isso também é ganância.

> Ganância é ganância. Se ela existe no mundo material ou no espiritual, não faz diferença. A qualidade continua sendo a mesma.

E eu digo a você: é possível multiplicar dez vezes mais o seu ouro de forma muito fácil, mas é quase impossível fazer de alguém uma pessoa iluminada. Porque isso não é um jogo. O caminho é árduo. Na verdade ninguém nunca faz de você uma pessoa iluminada. Você se torna iluminado. O outro pode ser, no máximo, um agente catalisador, nada mais. Mas, na verdade, tudo acontece dentro de você. A presença do outro pode ajudar, isso é tudo. E se você é de fato sincero, nem mesmo isso é necessário. Se você é sincero, aqueles que podem ajudar vão procurá-lo. Se você não é sincero, você vai procurar aqueles que podem prejudicá-lo. Essa é a diferença. Quando um discípulo busca um mestre, quase sempre acontece algo errado. Quando um mestre procura um discípulo, só então algo autêntico acontece.

Como você poderia encontrar um mestre? Qualquer coisa em que você possa pensar estará na sua mente, e você é completamente ignorante, é um sonâmbulo. Você vai procurar alguém de acordo com você. Você será o critério. Então vai procurar alguém que faça um milagre.

Você pode procurar Satya Sai Baba, porque isso vai ser uma profunda realização da sua ganância. Você vai dizer: eis aqui o homem. Se ele pode produzir coisas do nada, pode fazer qualquer coisa. Agora sua ganância é instigada. Uma profunda afinidade acontece no mesmo instante. É por isso que você vê milhares de pessoas ao redor de Satya Sai Baba. Se for um Buda, você não vai ver uma multidão lá, porque não existe nenhuma afinidade. Satya Sai Baba tem um apelo profundo dentro de você: sua ganância é provocada. Agora você sabe que este é o homem certo. Mas você está errado. Como pode concluir quem é o homem certo? Você cria seus charlatães, você dá oportunidade a eles. Você segue ilusionistas, não mestres.

Se você quer mesmo encontrar um mestre, abandone a ganância e as crenças. Apresente-se a um mestre com a mente completamente nua, sem crenças. Como se você fosse uma árvore no outono, sem folhas, nu, estendendo-se na direção do céu. Vá e procure um mestre com a mente nua, sem folhas, sem crenças. Só então, só então, eu digo, você será capaz de ver sem projeção. Só então algo vai penetrar em sua vida a partir de cima. Aí ninguém poderá enganá-lo.

Portanto, não se incomode com os enganadores nem os condene: eles atendem a uma necessidade. Como você precisa deles,

> Não se incomode com os enganadores nem os condene: eles atendem a uma necessidade. Como você precisa deles, eles existem. Nada existe sem uma causa.

eles existem. Nada existe sem uma causa. As pessoas estão à sua volta porque você precisa delas. Existem trombadinhas, existem ladrões, existem exploradores, existem charlatães, porque você precisa deles. Você não irá a lugar nenhum se todos eles desaparecerem. Você seria simplesmente incapaz de viver a sua vida se eles não existissem.

CERTA VEZ, UM *SANNYASIN* PERGUNTOU: "Osho, no passado você costumava falar sobre o belo caminho da confiança, do amor, o caminho do coração. Agora sua ênfase parece estar mais na razão, no questionamento, no ceticismo, na inteligência. O seu trabalho mudou ou está numa nova fase?"

Não, não é uma nova fase, é apenas o outro lado do primeiro. Eu estava ensinando sobre a confiança, porque você estava vindo de um mundo que não sabe nada sobre confiança. Você estava vindo de um mundo que treinou você intelectualmente e tentou negar a existência do seu próprio coração, negar que o sentimento é também uma forma de saber. Eu estava ensinando sobre a confiança, para que eu pudesse abrir a nova porta do coração.

Sem abrir a porta do coração eu não posso dizer a você, "Duvide, seja cético", porque eu estaria colocando você num caminho perigoso, que não leva a nada. É um pouco complexo, mas tente entender.

Uma pessoa que não sabe nada sobre sentimento, nada sobre confiança, que nunca experimentou nada como o amor, seu coração nunca bateu de alegria, nunca dançou de alegria na presença de alguém – essa pessoa pode continuar duvidando, mas não vai encontrar a resposta, porque sua dúvida será muito superficial. Ela não vai confiar em sua própria dúvida. Sua investigação será só mais ou menos. Ela não vai confiar em sua própria busca, não saberá nada da confiança.

Sem abrir a porta do coração eu não posso dizer a você, "Duvide, seja cético", porque eu estaria colocando você num caminho perigoso, que não leva a nada.

Sua busca vai precisar de confiança, porque você vai estar seguindo rumo ao desconhecido. Ela vai exigir uma enorme confiança e coragem, porque você está se afastando do convencional e do tradicional; você estará se afastando da multidão. Você estará seguindo para o mar aberto e não sabe nem se a outra margem existe. Eu não poderia enviar você nessa busca sem prepará-lo para ter confiança. Vai parecer contraditório, mas o que eu posso fazer? A vida é assim.

Só uma pessoa de grande confiança é capaz de ter uma grande dúvida. Uma pessoa de pouca confiança só pode duvidar um pouco. Uma pessoa de nenhuma confiança só pode fingir que duvida. Não pode duvidar.

A profundidade vem através da confiança – e é um risco.

Antes de eu enviar você para o mar desconhecido, tenho de prepará-lo para essa imensa viagem que você terá que fazer

> A inteligência é o intelecto em sintonia com o coração. O coração sabe confiar. O intelecto sabe buscar e investigar.

sozinho. Mas eu posso levá-lo até o barco. Isso é o que eu estava tentando lhe ensinar, sobre a beleza da confiança, o êxtase do caminho do coração. Para que, quando for para o mar aberto da realidade, você tenha coragem suficiente para seguir em frente. Aconteça o que acontecer, você terá confiança suficiente em si mesmo.

Veja só: se você confia em mim... como pode confiar em mim se não confia em si mesmo? É impossível. Se você duvida de si mesmo, como pode confiar em mim? É você quem vai confiar em mim, e você não confia em si mesmo, como pode confiar na sua confiança? É absolutamente necessário que o coração esteja aberto para que o intelecto possa ser transformado em inteligência.

Essa é a diferença entre intelecto e inteligência. A inteligência é o intelecto em sintonia com o coração. O coração sabe confiar. O intelecto sabe buscar e investigar.

Há uma antiga história no Oriente: dois mendigos costumavam viver nos arredores de uma aldeia. Um era cego e o outro não tinha pernas. Um dia, a floresta perto da aldeia onde os mendigos moravam pegou fogo. Eles eram concorrentes, é claro – na mesma profissão, pedindo esmola para as mesmas pessoas –, e estavam sempre brigando. Eram inimigos, não amigos.

Pessoas da mesma profissão não podem ser amigas. É muito difícil, porque é uma questão de concorrência, de ter clientes, você tem que tirar o cliente de alguém. Os mendigos dividiam os clientes: "Lembre que este homem é meu, você não pode incomodá-lo". Você não sabe a que mendigo você pertence, mas algum mendigo da rua possui você. Ele pode ter lutado e vencido a batalha e agora ele ganhou a sua posse.

Então, quando a floresta estava em chamas, esses dois mendigos pensaram por um instante. Eram inimigos, nem mesmo se falavam, mas era uma emergência. O cego disse ao aleijado, "Agora a única maneira de escapar é você se sentar sobre meus ombros; use as minhas pernas e eu vou usar os seus olhos. Essa é a única maneira de nos salvarmos".

Eles entenderam no ato. Não houve problema algum. O homem sem pernas não podia correr; era impossível que atravessasse a floresta, estava tudo em chamas. Ele conseguia se deslocar um pouco, mas isso não ajudava em nada: era preciso encontrar uma saída e uma saída muito rápida. O cego também estava certo de que não conseguiria fugir. Ele não sabia onde estava o fogo, onde estava a estrada e onde havia árvores que estavam em chamas e onde não havia. Cego, ele iria se perder. Mas ambos eram inteligentes; deixaram a inimizade de lado, ficaram amigos e se salvaram.

Essa é uma fábula do Oriente. E é sobre o intelecto e o coração. Não tem nada a ver com mendigos, ela tem a ver com você. Não tem nada a ver com uma floresta em chamas, tem a ver com você, porque você está no fogo. A todo instante você está queimando, sofrendo, na tristeza, na angústia.

Sozinho, o seu intelecto é cego. Ele tem pernas, pode correr rápido, pode se mover mais rápido, mas como ele é cego não pode escolher o caminho certo por si. E ele está fadado a viver sempre tropeçando, caindo, se machucando e sentindo que a vida não tem sentido. Isso é o que os intelectuais de todo o mundo estão dizendo: "A vida não tem sentido".

A vida lhes parece sem sentido porque o intelecto cego está tentando ver a luz. Isso é impossível. Há um coração dentro de você que vê, que sente, mas ele não tem pernas; não pode correr. Ele permanece onde está, batendo, esperando: um dia o intelecto irá entender e será capaz de usar os olhos do coração.

Quando eu digo "confiança", estou me referindo aos olhos do coração. E quando eu digo "dúvida" me refiro às pernas do seu intelecto. Os dois juntos podem sair do fogo, não há nenhum problema nisso. Mas, lembre-se, o intelecto tem que aceitar o coração sobre os ombros. Tem que ser assim. O coração não tem pernas, apenas olhos, e o intelecto tem de ouvir o coração e seguir suas instruções.

Nas mãos do coração, o intelecto torna-se inteligente. É uma transformação, uma transformação total de energia. A pessoa não se torna intelectual, ela simplesmente se torna sábia.

A sabedoria vem através do encontro entre o coração e o intelecto. E depois que você aprendeu a arte de como criar uma sincronicidade entre os seus batimentos cardíacos e o funcionamento de seu intelecto, você tem todo o segredo nas mãos, a chave mestra para abrir todos os mistérios.

> A sabedoria vem através do encontro entre o coração e o intelecto.

Eu escolhi a confiança como o primeiro passo. E depois que você sente o gosto da confiança, a dúvida fica impotente.

A dúvida não pode destruir a sua confiança.

A dúvida vai destruir suas crenças, elas precisam ser destruídas. A dúvida vai destruir tudo o que não é autêntico, que tem de ser destruído. O que a dúvida não pode destruir é a confiança. Quando a dúvida fica cara a cara com a confiança autêntica, então ela aceita a confiança – seus olhos, a sua maneira de sentir – como algo maior do que ela mesma. É tão claro, não há nenhuma outra possibilidade. Sua dúvida se curva diante da sua confiança, e uma amizade acontece em você. Seu coração é o mestre, seu intelecto se torna o servo.

E é isso que eu quero dizer com inteligência.

INSEGURO E NÃO ASSEGURADO

Todo mundo está em busca de segurança, proteção, algo seguro: como evitar a morte? Como prolongar a vida um pouco mais, como ficar aqui um pouco mais? Como não morrer, como escapar da morte? A morte predomina, por isso o dinheiro se torna tão importante.

Lembre-se, a importância que você dá ao dinheiro é a importância que dá à morte, porque o dinheiro lhe confere uma falsa sensação de segurança – de que você tem dinheiro, de que tem médicos, de que tem remédios, saldo bancário, seguro de vida, amigos, uma boa casa, de que se houver algum problema você estará protegido. Assim, a pessoa fica obcecada com o dinheiro: ter mais e mais dinheiro, criar grandes Muralhas da China de dinheiro em torno de você, assim a morte não pode ultrapassar.

Mas nada pode evitar a morte. O seu esforço para evitá-la simplesmente destrói uma oportunidade que poderia ter sido uma grande experiência, que poderia ter florescido em amor. Existem apenas dois tipos de pessoas no mundo: as que são voltadas para a morte e as que são voltadas para o amor.

HÁ UM INCÊNDIO NA COZINHA!

Enquanto Tokai visitava um certo templo, um incêndio começou sob o chão da cozinha. Um monge correu para o quarto de Tokai, gritando: "Um incêndio, mestre, um incêndio!"

"Oh!", exclamou Tokai, sentando-se. "Onde?"

"Onde?!", exclamou o monge. "Ora, sob o chão da cozinha. Levante-se, mestre, agora mesmo."

"Na cozinha, hein?", disse o mestre, sonolento. "Bem, então, quando chegar ao corredor, volte e me avise."

Tokai estava roncando novamente num instante.

TODA A IGNORÂNCIA DA MENTE consiste em não ficar no presente. A mente está sempre em movimento: indo para o futuro ou para o passado. A mente nunca está no aqui e agora. Ela não pode estar. A própria natureza da mente é tal que ela não pode ficar no presente, porque a mente tem que pensar e, no presente momento, não existe a possibilidade de pensar. Você tem que ver, você tem que ouvir, você tem que estar presente, mas você não pode pensar. O momento presente é tão estreito que não há espaço para pensar.

Você pode estar, mas os pensamentos não podem.

Como pode pensar? Se você pensar, isso significa que já é passado, o momento passou. Ou você pode pensar se o momento não chegou ainda, se estiver no futuro.

Para pensar, é preciso espaço, porque o pensamento é como uma caminhada, um passeio da mente, uma viagem. É preciso espaço. Você pode ir para o futuro, você pode ir para o passado, mas como pode ir para o presente? O presente está muito perto, na verdade não está nem perto; o presente é você. Passado e futuro são partes do tempo. O presente é *você*, não faz parte do tempo. Não é um tempo; não é de modo algum uma parte do tempo, não pertence ao tempo.

>
>
> A mente tem que pensar e, no presente momento, não existe a possibilidade de pensar. Você tem que ver, você tem que ouvir, você tem que estar presente, mas você não pode pensar.

O presente é você, o passado e o futuro estão fora de você.

A mente não pode existir no presente. Se você conseguir estar aqui, cem por cento presente, a mente desaparecerá.

A mente pode desejar, pode sonhar, sonhar mil e um pensamentos. Ela pode ir até o fim do mundo, pode ir para o princípio do mundo, mas não pode ficar no aqui e agora. Isso é impossível para ela.

Toda a ignorância consiste em não saber disso. E por isso você se preocupa com o passado, com o que não existe mais. É uma total estupidez! Você não pode fazer nada quanto ao passado.

Como pode fazer alguma coisa sobre um passado que não existe mais? Nada pode ser feito, já passou; mas você se preocupa com isso, e se preocupando com isso você se desgasta.

Ou você pensa no futuro e sonha e deseja. Alguma vez já observou? O futuro nunca chega, ele não pode chegar; o que chega é sempre o presente. E o presente é absolutamente diferente dos seus desejos, dos seus sonhos. É por isso que tudo o que você deseja e sonha e imagina e planeja e se preocupa nunca acontece. Mas desgasta você! Você continua se deteriorando, você continua morrendo. Suas energias continuam vagando pelo deserto, sem atingir um objetivo, apenas dissipando-se, e então a morte bate à sua porta.

Que esse seja o critério da realidade: tudo o que existe está sempre aqui e agora; tudo o que não existe, nunca faz parte do presente. Largue tudo que jamais bate no agora.

E lembre-se: a morte nunca bate no passado, e a morte nunca bate no futuro. A morte bate no presente. Você não pode dizer à morte: "Venha amanhã". A morte bate no presente. A vida também bate no presente. Deus também bate no presente. Tudo o que existe, sempre bate no presente. E tudo o que não existe, sempre faz parte do passado ou do futuro.

Sua mente é uma entidade falsa, porque nunca bate no presente. Que esse seja o critério da realidade: tudo o que existe está sempre aqui e agora; tudo o que não existe, nunca faz parte do presente. Largue tudo que jamais bate no agora. E se você se mover no agora, uma nova dimensão se abre – a dimensão da eternidade.

Passado e futuro seguem numa linha horizontal, assim como A se move para B, B para C, C para D, numa linha.

A eternidade se move na vertical: A se move mais profundamente em A, mais para cima em A, não se move para B. A continua se movendo mais profundamente e para cima, em ambos os sentidos. É vertical. O momento presente se move na vertical. O tempo se move na horizontal. O tempo e o presente nunca se encontram. E *você é* o presente. Todo o seu ser se move verticalmente. A profundidade está aberta, a altura está aberta. Mas você está se movendo horizontalmente com a mente.

É isso que o impede de encontrar Deus. As pessoas me procuram e perguntam como encontrar Deus, como vê-lo, como percebê-lo. Isso não é o mais importante! A questão é: como você pode estar deixando de encontrá-lo? Porque ele está aqui e agora, batendo à sua porta. Não pode ser de outra forma! Se ele é real, ele tem que estar aqui e agora. Apenas a irrealidade não está aqui e agora. Ele já está à sua porta, mas você não está presente. Você nunca está em casa. Você continua vagando em milhões de mundos, mas você nunca está em casa. Lá você nunca é encontrado, e Deus vai ao seu encontro lá, a realidade rodeia você lá, mas nunca o encontra lá.

A verdadeira questão não é como você deveria encontrar Deus; a verdadeira questão é que você deveria estar em casa, para que, quando Deus batesse, ele encontrasse você lá. Não é uma questão de você encontrá-lo, é uma questão de ele encontrar você.

Portanto, é uma meditação real. Um homem de entendimento não se preocupa com Deus ou com esse tipo de assunto, porque ele não é um filósofo. Ele simplesmente busca uma maneira de ficar em casa, de parar se preocupar e de pensar no futuro e no passado, de ficar no aqui e agora, de não se afastar deste momento.

Quando você fica neste momento, a porta se abre. Este momento é a porta!

AGORA, TENTE ANALISAR ESTA PARÁBOLA COMIGO.

> *Enquanto Tokai visitava um determinado templo, um incêndio começou sob o chão da cozinha.*
>
> *Um monge correu para o quarto de Tokai, gritando: "Um incêndio, mestre, um incêndio!"*
>
> *"Oh!", exclamou Tokai, sentando-se. "Onde?"*
>
> *"Onde?!", exclamou o monge. "Ora, sob o chão da cozinha. Levante-se, mestre, agora mesmo."*
>
> *"Na cozinha, hein?", disse o mestre, sonolento. "Bem, então, quando chegar no corredor, volte e me avise."*
>
> *Tokai estava roncando novamente num instante.*

Tokai era um grande mestre zen, iluminado, que vivia em total consciência. E sempre que vive em total consciência, você vive de momento a momento. Você não pode planejar – nem o momento seguinte você pode planejar, porque quem pode saber? O momento seguinte talvez nunca chegue! E como você pode planejar de antemão se não sabe que situação ocorrerá no momento seguinte? Se planeja demais, você o deixa passar, perde o frescor do momento.

A vida é um fluxo. Nada permanece igual, tudo se move. Heráclito disse que você não pode atravessar duas vezes o mesmo rio, então como pode planejar? No momento em que está pisando pela segunda vez no rio, tanta água já correu! Ele já não é o mesmo rio. O planejamento só seria possível se o passado se repetisse. Mas o passado nunca se repete, a repetição nunca acontece, mesmo quando vê algo se repetindo, é só porque você não pode ver o todo.

Heráclito diz também que a cada dia há um novo sol. Claro que você vai dizer que é o mesmo sol, mas não pode ser o mesmo, não há nenhuma possibilidade de ser o mesmo. Muita coisa mudou; o céu inteiro é diferente. Todo o padrão de estrelas é diferente, o próprio sol ficou mais velho. Agora os cientistas dizem que, daqui quatro bilhões de anos, o sol vai morrer, sua morte está se aproximando, porque o sol é um fenômeno vivo e é muito antigo; ele tem que morrer.

Os sóis nascem, vivem e morrem. Quatro bilhões de anos para nós é muito tempo; para o sol não é nada, é como se no instante seguinte ele fosse morrer. E quando o sol morrer, toda a família solar vai desaparecer, porque o sol é a fonte. Todos os dias o sol está morrendo, ficando mais e mais e mais velho, ele não pode ser o mesmo. A cada dia ele perde energia, uma grande quantidade de energia está sendo irradiada pelos raios solares. O sol é menor a cada dia, está se exaurindo. Não é o mesmo, não pode ser o mesmo.

E, quando o sol se levanta, ele se ergue sobre um mundo diferente. Quem o admira também não é o mesmo. Ontem você podia estar cheio de amor. Nesse dia, seus olhos estavam diferentes, e o sol, é claro, parecia diferente. Você estava tão cheio de amor que havia uma certa poesia em torno de você, e você olhou através dessa poesia. O sol pode ter parecido um deus, como parecia aos videntes dos Vedas. Eles chamavam o sol de "Deus", deviam estar preenchidos com tanta poesia! Eram poetas apaixonados pela existência, não eram cientistas. Eles não estavam em busca de saber o que era a matéria, estavam buscando um estado de espírito. Eles reverenciavam o sol. Deviam ser pessoas muito felizes e abençoadas, porque você só consegue reverenciar quando sente uma bênção; você só consegue reverenciar quando sente que toda a sua vida é uma bênção.

Um convidado está chegando e você planeja o que vai dizer a ele. Que absurdo! Quando o convidado chegar, você não pode ser espontâneo? Mas você tem medo, não acredita em si mesmo.

Ontem você pode ter sido um poeta e hoje pode não ser nem de longe um poeta, porque a todo momento o rio está fluindo dentro de você. Você também está mudando. Ontem as coisas estavam se encaixando, hoje tudo é confusão: você está com raiva, está deprimido, está triste. Como o sol pode ser o mesmo se quem olha para ele já mudou? Tudo muda, então a pessoa de entendimento nunca planeja o futuro com exatidão, não pode. Mas ela está mais preparada do que você para enfrentar o futuro, esse é o paradoxo.

Você planeja, mas não está tão preparado. Na verdade, o planejamento significa que você se sente muito inadequado; é por isso que planeja, caso contrário, por que planejar? Um convidado está chegando e você planeja o que vai dizer a ele. Que absurdo! Quando o convidado chegar, você não pode ser espontâneo? Mas você tem medo, não acredita em si mesmo.

Você não tem nenhuma confiança, você planeja, você ensaia. Sua vida é uma encenação, não é uma coisa real, porque só é preciso um ensaio quando se trata de uma encenação. E lembre-se: quando você ensaia, aconteça o que acontecer, será uma encenação, não a coisa real. O convidado não chegou e você já está planejando o que vai dizer, como vai cumprimentá-lo, o que vai responder; você já está dizendo coisas. O convidado, na sua mente, já chegou e você está falando com ele. Na verdade, no momento em que o convidado chegar, você já estará farto dele! Na verdade, no momento em que ele chegar, já estará na sua companhia há tanto tempo que você já estará entediado, e tudo o que disser não será verdadeiro nem autêntico. Não virá de você, virá da memória. Não vai surgir da sua existência, virá do ensaio que você fez. Será falso e um encontro não será possível, porque como uma pessoa falsa pode se encontrar com outra? E pode acontecer o mesmo com o seu convidado: ele também estava planejando, ele também já estará farto de você. Ele falou muito e agora gostaria de ficar em silêncio. Mas tudo o que ele diz será resultado do ensaio que fez.

Assim, onde quer que duas pessoas se encontrem, na verdade será um encontro entre quatro pessoas – pelo menos; é possível que sejam mais. Duas pessoas reais estão no fundo e duas falsas estão se encontrando. Tudo é falso, porque se trata de um planejamento. Mesmo quando você ama uma pessoa, você planeja e ensaia, todos os movimentos que vai fazer, como vai beijar, os gestos – e tudo fica falso.

Por que você não confia em si mesmo? Quando chegar o momento, por que não confiar em sua espontaneidade? Por que você não pode ser verdadeiro?

A mente não pode confiar no momento; ela sempre tem medo, é por isso que planeja. Planejamento significa medo. É o medo que faz planos, e planejando você perde tudo – tudo o que é belo e verdadeiro, tudo o que é divino, você perde. Ninguém jamais chegou a Deus com um plano; ninguém pode nunca chegar.

>
>
> Planejamento significa medo. É o medo que faz planos, e planejando você perde tudo – tudo o que é belo e verdadeiro, tudo o que é divino, você perde.

Enquanto Tokai visitava um determinado templo, um incêndio começou sob o chão da cozinha.

A primeira coisa: o fogo provoca medo, porque é a morte. Portanto, se nem mesmo o fogo provoca medo, nada mais pode provocar. Mas nem mesmo o fogo pode provocar medo quando você encontrou a morte, quando sabe que a morte não existe; caso contrário, no momento em que ouve a palavra "Fogo!", você entra em pânico. Não é preciso que seja um fogo de verdade, basta que alguém aqui diga "Fogo!" e você entrará em pânico. Alguém pode saltar pela janela do edifício e pode se matar, e nem havia fogo. A simples palavra "fogo" pode causar pânico. Você vive com as palavras. Alguém diz "limão" e você já sente o sumo do limão na boca. Alguém diz "Fogo!" e você já não está mais aqui, você já fugiu.

Você vive com palavras, não com realidades. Você vive com símbolos, e não com a realidade. E todos os símbolos são artifícios, eles não são reais.

Eu ouvi; ouvi dizer, na verdade:

> Uma mulher idosa estava ensinando outra mais nova a cozinhar um certo prato. Ela estava explicando, e então disse: "Seis glugues de melaço". A mais jovem perguntou: "Seis o quê?" A mais velha disse: "Seis glugues".
>
> A jovem ficou intrigada e disse novamente: "Nunca ouvi falar disso. O que é esse 'glugue?'".
>
> A mais velha disse: "Meu Deus! Você não sabe uma coisa tão simples? Então vai ser difícil te ensinar a cozinhar!"
>
> A mais nova disse: "Você pode, por favor, me explicar o que é esse 'glugue'?".
>
> A mais velha disse: "Você entorna o jarro, quando ouvir um 'glugue', é um deles. Mais cinco e são seis glugues!"

Mas toda a linguagem é assim. Nenhuma palavra significa de fato alguma coisa. O significado é dado por nós por um acordo mútuo. É por isso que existem três mil línguas no mundo, mas não existem três mil realidades. Toda linguagem é exatamente como o "glugue".

Você pode criar sua própria linguagem particular, não há problema. Os amantes sempre criam a sua linguagem particular:

eles começam a usar palavras e ninguém mais entende o que estão dizendo, mas eles entendem. As palavras são simbólicas. O significado é dado, o significado não está realmente lá. Quando alguém diz "Fogo!", não há fogo na palavra, não pode haver. Quando alguém diz "Deus", na palavra "deus" não há nenhuma divindade – não pode haver. A palavra "deus" não é nenhuma divindade. Quando alguém diz "amor", a palavra "amor" não é o amor.

Quando alguém diz "Eu te amo", não se deixe enganar pelas palavras. Mas você vai ser enganado, porque ninguém olha para a realidade; as pessoas só olham para as palavras. Quando alguém diz: "Eu te amo", você pensa, "sim, essa pessoa me ama" ou "sim, ela me ama". Você está caindo numa armadilha e ficará encrencado.

Basta olhar a realidade desse homem ou dessa mulher. Não dê ouvidos às palavras, escute a realidade. Entre em sintonia com a realidade dessa pessoa e o entendimento surgirá, revelando se o que ela está dizendo são apenas palavras ou se as palavras têm algum conteúdo também. E confie no conteúdo, nunca confie nas palavras; caso contrário, mais cedo ou mais tarde você vai ficar frustrado. Tantos amantes estão frustrados neste mundo! Noventa por cento! A palavra é a causa. Eles acreditaram na palavra e não olharam a realidade.

Não se deixe ofuscar pelas palavras. Mantenha os olhos límpidos das palavras. Não permita que elas se instalem nos seus olhos e nos seus ouvidos; caso contrário, você vai viver num mundo falso.

As palavras são falsas em si mesmas; elas só passam a ter algum significado se existir alguma verdade no coração de onde elas vêm.

Enquanto Tokai visitava um determinado templo, um incêndio começou sob o chão da cozinha.

O fogo é o medo, o fogo é a morte – mas não a palavra "fogo".

Um monge correu para o quarto de Tokai, gritando: "Um incêndio, mestre, um incêndio!"

Ele estava agitado, a morte estava próxima.

"Oh!", exclamou Tokai, sentando-se. "Onde?"

Você não consegue agitar um mestre, mesmo se a morte estiver presente, porque a emoção pertence à mente. E você não pode surpreender um mestre, mesmo se a morte estiver presente, porque a surpresa também pertence à mente. Por que você não pode surpreender um mestre? Porque ele nunca espera nada. Como você pode surpreender um homem que nunca espera coisa alguma? Porque você espera uma coisa e então outra coisa acontece, é por isso que você é surpreendido. Se você estiver andando na rua e vir um homem se aproximando, e de repente ele se torna um cavalo, você ficará surpreso, assombrado: o que aconteceu? Mas nem mesmo isso não vai surpreender um homem como Tokai, porque ele sabe que a vida é um fluxo e tudo é possível: um ser humano pode virar um cavalo, um cavalo pode virar um ser humano. Isso já aconteceu muitas vezes: muitos cavalos viraram seres humanos e muitos seres humanos viraram cavalos. A vida não para!

Um mestre vive sem nenhuma expectativa, você não pode surpreendê-lo. Para ele tudo é possível, e ele não está fechado para nenhuma possibilidade. Vive no momento totalmente aberto; aconteça o que acontecer, ele aceita. Ele não tem um plano contra a realidade, nenhuma proteção. Ele aceita.

Se espera alguma coisa, você não consegue aceitar. Se você aceita tudo, você não pode esperar. Se você aceita e não espera, você não pode ser surpreendido e não pode ficar agitado. A agitação é uma febre, é uma doença; quando você fica agitado todo o seu ser fica febril, você fica quente. Você pode gostar disso às vezes, porque há dois tipos de febre: uma que vem do prazer e outra que vem da dor. A que você gosta, você chama de prazer, mas também é uma febre, uma agitação; e aquela que você não gosta, você chama de dor, doença – mas ambas são agitações. E tente observar: elas vão se transformando uma na outra.

Você ama uma mulher; você fica agitado e sente um certo prazer, ou você interpreta isso como prazer. Mas fique um tempo com essa mulher e, mais cedo ou mais tarde, a emoção se vai. Pelo contrário, um tédio se insinua, você se sente enfastiado. Você gostaria de fugir, gostaria de ficar sozinho. E se a mulher ainda continua lá, agora entra o negativo. Você não está apenas entediado, você está com uma febre negativa agora; você se sente mal, você sente náuseas.

Olhe: sua vida é como um arco-íris. Ela carrega todas as cores e você vai passando de cor em cor. Ela carrega todos os extremos, todos os opostos: do prazer você passa para a dor, da dor você passa para o prazer. Se a dor continua por muito tempo, você pode até começar a sentir um certo prazer com isso. E se o prazer dura muito tempo, você certamente começa a sentir dor. Ambos são estados de agitação, ambos são febres.

Uma pessoa de entendimento está sem febre. Você não pode agitá-la, não pode surpreendê-la. Mesmo se a morte estiver próxima, ela vai perguntar com frieza: "Onde?" E essa pergunta "Onde?" é muito bonita, porque uma pessoa iluminada está sempre preocupada com o aqui. Não está preocupada com o lá, não está preocupada com o depois, está preocupada apenas com o agora. Agora, aqui, é a sua realidade; depois, lá, é a sua realidade.

"Um incêndio, mestre, um incêndio!" "Oh!", exclamou Tokai, sentando-se, "Onde?"

Ele quer saber: lá ou aqui.

"Onde?", exclamou o monge.

... Porque o monge não podia acreditar que, num incêndio, alguém poderia fazer uma pergunta tão idiota. Devia simplesmente saltar pela janela e sair daquela casa; não é o momento para argumentos sutis.

"Onde?!", exclamou o monge. "Ora, sob o chão da cozinha. Levante-se, mestre, agora mesmo."

"Na cozinha, hein?", disse o mestre, sonolento. "Bem, então, quando chegar no corredor, volte e me avise."

Quando chegar aqui, então venha e me avise. Se o fogo estiver lá, não é da minha conta.

A história é muito reveladora. Qualquer coisa que aconteça *lá* não é uma preocupação; só quando está *aqui* é que se torna real. Um mestre não pode planejar o futuro. É claro que ele está preparado: o que for que aconteça, ele vai responder, mas não pode fazer um ensaio, e não pode planejar. Ele não pode agir antes de a realidade chegar. Ele vai dizer, "Deixe a realidade vir primeiro, deixe o momento bater à minha porta, então veremos". Livre de ensaios, planos, ele é sempre espontâneo; e qualquer coisa que ele faça com sua espontaneidade está sempre certa.

Lembre-se sempre deste critério: tudo o que for fruto da sua espontaneidade é certo. Não existe nenhum outro critério de certo e errado. Qualquer coisa que vier do momento, sua resposta viva para isso é boa. Nada mais é bom, não existe outro critério para o bem e o mal.

Mas você tem medo. Por causa do seu medo você cria a moralidade; por causa do seu medo você cria distinções entre certo e errado. Você não vê que às vezes uma situação é diferente e o certo se torna errado e o errado se torna certo? Mas você continua morto. Você não olha para a situação, você só continua a seguir o seu critério de certo e errado e as suas concepções em torno disso. É por isso que você se torna um desajustado. Até as árvores são mais sábias do que você – elas não são desajustadas. Até os animais são melhores do que você – eles não são desajustados. Até mesmo as nuvens são mais dignas do que você – elas não são desajustadas. A totalidade da existência se ajusta; só o ser humano é um desajustado. Onde foi que ele deu errado?

Ele deu errado por causa das suas distinções mentais – isto é certo e aquilo é errado – e na vida essas coisas fixas não podem ser úteis. Alguma coisa está errada neste momento; no momento seguinte, passa a ser certa. Algo está certo neste exato momento, no momento seguinte, não está mais certo. O que você vai fazer? Você viverá num estado de medo e preocupação, uma tensão interna.

>
>
> Por causa do seu medo você cria a moralidade; por causa do seu medo você cria distinções entre certo e errado.

O ensinamento básico de todos aqueles que sabem é: fique alerta e seja espontâneo, e tudo o que acontecer a partir do estado alerta e espontâneo é certo, e tudo o que acontecer a partir do seu sono, da sua inconsciência, está errado.

Tudo o que você fizer inconscientemente, está errado – tudo o que fizer com consciência é certo. Certo e errado não é uma distinção entre objetos; certo e errado é uma distinção entre consciências. A vida não tem respostas claras. Só uma coisa é certa: seja espontâneo e alerta e consciente, e não siga nenhuma regra. Basta ser espontâneo e tudo o que acontece, deixe acontecer. Deixe que o momento decida, isso é o que todos que despertaram disseram.

Se você escutar os moralistas comuns, eles vão dizer que a vida é perigosa, por isso você tem que tomar uma decisão; caso contrário, pode fazer algo errado. E eu digo a você que tudo o que você fizer com base numa decisão estará errado, porque toda a existência não está seguindo as suas decisões; toda a existência se move do seu próprio jeito. Você é uma parte dela – como você pode decidir pelo todo? Você tem que simplesmente estar lá e sentir a situação e fazer tudo o que puder fazer com humildade, com toda a possibilidade de estar errado.

Não seja tão egoísta a ponto de pensar, "Tudo o que eu fizer estará certo". Então, quem vai fazer o errado? Não seja egoísta a ponto de pensar: "Eu sou moral e o outro é imoral". O outro também é você. Você também é o outro. Nós somos um. O assassino e a vítima não são duas pessoas diferentes.

Mas não decida. Basta estar presente; sinta toda a situação, esteja em harmonia com toda a situação, e deixe a sua consciência interior fazer o que lhe ocorrer. Você não deve ser um agente, você deve ser apenas uma testemunha. O agente tem que decidir de antemão, a testemunha não precisa decidir.

A vida é tão emaranhada, tão entrelaçada, e cada coisa que acontece leva a outras coisas. E faça o que fizer, você vai desaparecer, mas, faça o que fizer, as consequências continuarão repercutindo para sempre. Elas não podem acabar. Nem mesmo um pequeno gesto. Você sorri para uma pessoa e isso muda toda a qualidade da existência, porque aquele sorriso vai decidir muitas coisas. Coisas muito pequenas se movem junto com elas, e elas vão continuar a se mover. É como jogar uma pedrinha num lago. Uma pedrinha tão pequena e as ondulações vão continuar, continuar... vão continuar até o fim. No momento em que chegarem à margem, muito antes disso, a pedra já se instalou lá no fundo, está perdida.

Essa pedrinha vai mudar toda a qualidade da existência, porque tudo é como uma única rede, exatamente como uma teia de aranha: você a toca em algum ponto, agita-a um pouco e toda a teia ondula. Em todos os lugares sente-se a agitação. Você sorri para uma pessoa – e o mundo inteiro é uma teia de aranha – e toda a existência se altera por causa daquele sorriso.

Mas como decidir? Você não precisa nem se dar ao trabalho de decidir, porque é uma coisa tão grandiosa que você nunca será capaz de tomar uma decisão. Então, não pense no resultado, só responda à situação. Seja espontâneo, fique alerta; seja uma testemunha e não um agente.

Um monge correu para o quarto de Tokai, gritando: "Um incêndio, mestre, um incêndio!"

"Oh!", disse Tokai, sentando-se. "Onde?"

"Onde?!", exclamou o monge. "Ora, sob o chão da cozinha. Levante-se, mestre, agora mesmo."

"Na cozinha, hein?", disse o mestre, sonolento. "Bem, então, quando chegar no corredor, volte e me avise."

Quando isso estiver no presente, então me avise. Ainda está no futuro, não me incomode com isso.

Tokai estava roncando novamente num instante.

Esta é a qualidade de uma pessoa iluminada: tão relaxada que, embora haja um incêndio na cozinha, a casa esteja pegando fogo – todo mundo está agitado e correndo de um lado para o outro, ninguém sabe o que vai acontecer, tudo está uma bagunça –, ela pode relaxar e dormir outra vez. O mestre estava roncando no instante seguinte.

Essa ausência de tensão deve vir, tem que vir, de uma profunda confiança de que tudo o que acontece é bom. Ele não está preocupado – mesmo que morra, não está preocupado. Mesmo que o fogo venha e o queime, ele não está preocupado, porque ele não existe mais. O ego não existe mais, do contrário haverá medo, haverá preocupação, haverá um futuro, haverá planejamento, haverá um desejo de fuga, de salvar a si mesmo. Ele não está preocupado, ele simplesmente cai no sono, relaxado.

Não há como relaxar se você tem a mente e o ego; o ego é o centro da mente. Você vai ficar tenso, vai permanecer tenso.

Como relaxar? Existe alguma maneira de relaxar? Não há como, a não ser que haja entendimento. Se você entende a natureza do mundo, a natureza da própria existência, então quem é você para se preocupar? E por que você vive preocupado?

Ninguém perguntou se você queria nascer, ninguém vai perguntar quando chegar a hora de você morrer. Então, por que se preocupar? O nascimento aconteceu a você, a morte vai acontecer a você, quem é você para interferir? As coisas estão acontecendo. Você sente fome, você sente amor, você sente raiva – tudo acontece a você, você não é um agente. A natureza cuida. Você come e a natureza digere, você não precisa se preocupar com isso, se o estômago está funcionando, se a comida vai se transformar em sangue. Se você ficar muito tenso com isso, terá úlceras – e úlceras enormes, não úlceras comuns!

Não precisa se preocupar. O todo está em movimento. O vasto, o infinito, está se movendo. Você é apenas uma onda nele. Relaxe e deixe que as coisas aconteçam.

Se você sabe como deixar acontecer, sabe tudo o que vale a pena saber. Se não sabe como deixar acontecer, tudo o que você sabe não vale nada, é lixo.

Ninguém perguntou se você queria nascer, ninguém vai perguntar quando chegar a hora de você morrer. Então, por que se preocupar?

A SEGURANÇA É A MAIOR DAS ILUSÕES

Por que você escolhe a escravidão se pode escolher a liberdade? Por que você escolhe a gaiola, quando as portas estão abertas e todo o céu lhe pertence? A resposta não é difícil de encontrar. A gaiola tem segurança; ela protege você da chuva, do sol, do vento forte, dos seus inimigos. Ela protege você da vastidão em que pode se perder. Ela lhe dá abrigo; ela é seu lar aconchegante, e você não tem a responsabilidade de se preocupar com sua comida, de se preocupar com a estação das chuvas, de se preocupar se amanhã vai conseguir encontrar alimento ou não.

A liberdade traz enormes responsabilidades. A escravidão é uma barganha: você oferece a sua liberdade e outra pessoa passa a ser responsável pela sua vida, pela sua proteção, pela sua comida, pelo seu abrigo; por tudo que você precisa. Tudo o que você perde é a sua liberdade, tudo o que você perde são as suas asas, tudo o que você perde é o céu estrelado. Mas essa era a sua alma.

A PESSOA SÓ PODE ESTAR SEGURA NUMA ILUSÃO, porque a segurança é a maior ilusão que existe. A vida é insegura. O amor é inseguro. Existir é viver na insegurança. Existir é estar em constante perigo. Só os mortos estão seguros, porque não podem mais morrer; nada pode acontecer a eles agora.

Quanto mais vivo você está, mais inseguro você vive. Por isso muitas pessoas decidiram não continuar vivas, porque um certo entorpecimento dá segurança, proteção, uma armadura. Muitas pessoas decidiram não olhar para a realidade, porque a realidade é insegura. Eu não posso fazer nada, você não pode fazer nada quanto a isso – as coisas são o que são. A realidade é insegura; nunca se sabe o que vai acontecer no momento seguinte. Eu posso estar aqui, eu posso não estar mais aqui; você pode estar aqui, você pode não estar mais aqui. A próxima respiração pode acontecer ou pode não acontecer. A pessoa que ama você pode simplesmente esquecer tudo sobre você amanhã. É assim que é a vida.

Então nós criamos ilusões, nós nos escondemos atrás das ilusões para não precisar ver a insegurança da vida. O casamento é uma ilusão, o amor é uma realidade. O amor é inseguro. Ninguém sabe se ele ainda vai existir amanhã ou não. É como uma brisa: quando ele vem, ele vem; quando ele se vai, ele se vai. Você não pode manipulá-lo, não pode controlá-lo, não pode prevê-lo.

Mas a mente tem muito medo: e se amanhã a sua mulher deixar você? O que você vai fazer? Como vai conseguir viver sem ela? Você ficou tão dependente dela, não pode se imaginar sem ela, então você começa a tomar algumas providências: fecha as portas, fecha as janelas, tranca tudo, para que ela não possa escapar. O casamento consiste nisto: criar bloqueios legais para que você não possa escapar com facilidade. Você pode ir à polícia, pode ir aos tribunais, pode assediar a mulher para voltar. Mas quando você fecha todas as portas e todas as janelas, a mulher não é mais a mesma de quando ela estava sob o céu, sob as estrelas; ela não é mais a mesma. O pássaro em pleno voo é um fenômeno totalmente diferente do pássaro na gaiola. O pássaro na gaiola não é mais o mesmo pássaro, porque já não tem o mesmo céu, a mesma liberdade. Ele está preso, sua alma está morta. Ele só parece vivo, as suas asas estão cortadas. Ele só parece que está vivo, agora só vai vegetar.

Sem liberdade não há vida. Mas uma coisa a gaiola tem de bom: tem segurança. Agora o pássaro não precisa se preocupar com a comida; amanhã de manhã ele vai ser alimentado como de costume. Ele não precisa se preocupar com os inimigos, os predadores; ninguém pode atacá-lo. O pássaro pode pensar que não está engaiolado, só protegido. Pode pensar que essas barras de ferro não são inimigas, mas amigas; pode começar a apreciá-las. Mesmo se um dia você quiser que ele seja livre, ele pode não gostar da ideia; pode resistir. Ele pode não ir embora, mesmo que você abra a porta da gaiola. Ele vai dizer: "Eu não vou. Como posso deixar a minha segurança?" Ele esqueceu toda a alegria da liberdade; agora só se lembra do conforto e da conveniência da segurança.

Isso é feio. Duas pessoas juntas por amor é uma coisa, e duas pessoas juntas por causa da lei é algo totalmente diferente. Suas almas não estão mais juntas, apenas os seus corpos estão amarrados um ao outro. Porque elas não podem escapar, porque a fuga parece ter um alto preço – e os filhos estão lá, e todos os confortos da vida familiar e doméstica –, decidem continuar escravos. Decidem não viver, mas apenas existir. E, então, é claro, as pessoas têm muitos tipos de ilusões do passado, do futuro.

O casamento é uma gaiola, o amor é o céu aberto. Nós destruímos o amor e criamos a ilusão do casamento.

Você não está sozinho nisso; todo ser humano está no mesmo barco. Porque não conseguimos viver no presente...

É perigoso viver no presente porque viver no presente significa ser autêntico. Vivemos no passado, vivemos no futuro. Passado e futuro são muito fáceis, confortáveis, sem perigos. Você pode manipular seu passado, você pode controlá-lo. Pode mandar

É perigoso viver no presente porque viver no presente significa ser autêntico.

no seu passado, o seu passado é muito obediente. Ele não é existencial, só existe em sua memória; você pode reformulá-lo sempre que quiser.

Por isso uma das maiores constatações psicológicas é que até agora nenhuma autobiografia jamais foi escrita de fato. Milhões foram escritas, mas todas elas são falsas. Escrever uma autobiografia parece quase impossível, porque você sempre vai organizar suas memórias. Quando olha para trás, não é o passado de verdade que você vê. Ele não está mais lá, apenas a memória dele. E na memória você também escolhe. Primeiro você escolhe enquanto está experimentando algo – mil e uma coisas estão acontecendo todos os dias, mas você escolhe apenas algumas. Os cientistas dizem que apenas dois por cento – noventa e oito por cento não é escolha, apenas dois por cento é. Tudo o que é bom para você, que eleva o seu ego, que é gratificante, você escolhe. Tudo que parece sofrimento, dor, tudo que dói – você não escolhe.

Sua memória é uma escolha a princípio, e, então, toda vez que você se lembra dela, suas experiências estão se expandindo, e suas experiências continuam a ser refletidas nas suas memórias. Você continua dando novas cores a elas, continua pintando-as de novo e de novo, são tantas camadas que no momento em que você escreve sua autobiografia... E as pessoas escrevem autobiografias somente quando sabem que estão mortas. Quando sabem que nada mais vai acontecer, então escrevem autobiografias.

Se a pessoa está viva, como ela pode escrever sua autobiografia? Se ela acha que tudo está concluído – "Eu já vivi, já cheguei ao ponto final, agora nada mais vai acontecer" –, então ela escreve. Agora ela olha para trás, pinta todas as memórias como quer que sejam. Todas as autobiografias são uma ficção. Minha sugestão para os bibliotecários é que todas as autobiografias sejam consideradas e classificadas como ficção. Elas são ficção e nada mais: você exagera as coisas de que gostava e inconscientemente acrescenta muitas coisas que nunca aconteceram. E eu não estou dizendo que você esteja enganando com conhecimento de causa, não! Você pode acreditar. Basta começar a contar uma mentira e depois de dez anos você vai ficar em dúvida se isso é mentira ou verdade.

> Minha sugestão para os bibliotecários é que todas as autobiografias sejam consideradas e classificadas como ficção.

Um jornalista morreu e bateu nas portas do céu. São Pedro abriu a porta e perguntou:

> "Desculpe, mas você é jornalista?" Porque é muito difícil não identificar um jornalista: o próprio rosto, os olhos entregam.
>
> E o homem disse: "Sim, mas como você descobriu?"
>
> Ele disse: "É muito difícil não reconhecer um jornalista. Mas eu sinto muito, não temos mais lugar para jornalistas no céu, nossa cota está completa. Temos apenas

uma dúzia de jornalistas; mesmo esses são inúteis, porque nada acontece no céu, nada vale a pena reportar, não há nenhuma notícia".

Você sabe a definição que George Bernard Shaw dava à notícia? "Quando um homem morde um cão é notícia; quando um cão morde um homem, não é." Isso não é notícia, isso não é nada.

"No céu as notícias não acontecem; nenhum jornal é publicado. Mesmo esses doze jornalistas são simplesmente inúteis, então para que precisamos de você? Vá para o inferno – e lá são muitas as notícias e novidades. Tudo o que acontece lá é notícia. E há muitos, muitos jornais, e de grande circulação. Vá para lá e você terá muito trabalho."

Mas o jornalista disse: "Não, eu não posso. Você não pode dar um jeito? Se me der 24 horas, posso convencer algum outro jornalista a ir para o inferno, e você pode me admitir no lugar dele".

Pedro disse: "Tudo bem, você tem 24 horas. Pode entrar".

O jornalista entrou com toda a sua perspicácia e habilidade jornalística. E deu início a um boato. Sempre que encontrava alguém, ele dizia: "Já ficou sabendo? Um grande jornal vai ser lançado no inferno e todos os cargos estão vagos; o de editor-chefe e o de assistente do editor-chefe e outros assistentes", e isto e aquilo, a todos que encontrava ele dizia isso. Depois de 24 horas, quando ele voltou, São Pedro não abriu a porta. Ele disse: "Você não pode sair, tem que ficar".

Ele disse: "Mas por quê?"

São Pedro disse: "Todos os doze foram embora. Agora, só porque é de praxe, temos que ter um jornalista. Você tem que ficar!"

O jornalista disse: "Eu não posso mais ficar. Me deixe ir! Deve haver um fundo de verdade na notícia. Como doze pessoas podem acreditar nela se não houver? Não pode ser apenas boato. Deve haver alguma verdade nisso, talvez um fragmento, mas deve haver alguma verdade nisso. Eu não posso mais ficar. Abra a porta, me deixe sair!".

Se você começar uma mentira, mais cedo ou mais tarde vai acreditar nela. Na verdade, antes que os outros acreditem, você mesmo vai acreditar, e depois de dez anos será difícil dizer se era mesmo uma mentira. Depois de dez anos, será difícil dizer se você sonhou a coisa toda ou se ela realmente aconteceu. Seus sonhos e sua vida vão se misturar.

Se você começar uma mentira, mais cedo ou mais tarde vai acreditar nela.

É muito difícil escrever uma autobiografia. Isso ainda não foi feito, e eu não acho que um dia possa ser. Aqueles que podem escrever, não escrevem. Um Buda pode escrever, mas ele diz que não tem nenhuma autobiografia para escrever. Ele diz: "Eu nunca nasci". Ele diz: "Eu nunca disse uma única palavra". Ele diz: "Eu nunca me tornei iluminado, porque nunca deixei de ser iluminado". Ele diz: "Eu nunca morri porque nada morre". Então, o que é a autobiografia? O eu não existe, então o que é a autobiografia? Não existe ego, não existe centro, então o que dizer da circunferência? Nenhuma circunferência é possível.

Um Buda poderia escrever uma autobiografia, mas ele não vai fazer isso; e quem escreve é obrigado a escrever uma ficção.

Você continua a viver no passado, é muito confortável. Você é o mestre – quando se trata do seu passado, você é o mestre. Você pode fazer qualquer coisa que quiser com o passado. E quanto ao futuro também, você é o mestre. Você pode se tornar o presidente dos Estados Unidos, da Índia – no futuro. Você pode fazer qualquer coisa que quiser. E todo mundo faz alguma coisa. Apenas sentado em silêncio, você começa a imaginar que, no acostamento de uma estrada, você encontrou um saco cheio de dinheiro. E não só isso, você começa a planejar como usar esse dinheiro; você começa a comprar coisas. Você é o mestre.

> O passado e o futuro lhe passam a impressão de que você é um rei. O presente leva todas as ilusões embora, o presente apenas revela a sua verdade nua e crua.

O passado e o futuro lhe passam a impressão de que você é um rei. O presente leva todas as ilusões embora, o presente apenas revela a sua verdade nua e crua. E o presente revela a insegurança que é a vida, porque vida implica morte. E tudo o que implica isso não pode ser para sempre – tudo o que existe – mais cedo ou mais tarde vai deixar de ser existencial. A flor que abriu na parte da manhã é bonita; à noite, ela terá partido, as pétalas murcharão e amanhã você não vai encontrar nem traço dela. É assim que é a vida real: mudando, em movimento constante, dinâmica, nem um pouco estática nem permanente, sempre em fluxo.

É por isso que não só você, mas todo mundo começa a viver no passado e no futuro: para evitar o presente e seus perigos.

Friedrich Nietzsche tem razão, ele diz "Viva perigosamente". Na verdade não há outra maneira de se viver; só se pode viver perigosamente. A outra maneira é evitar a vida, é não viver. E é disso que se trata *sannyas*. É aceitar a insegurança da vida, é aceitar a morte. É aceitar que tudo pode desaparecer a qualquer momento. Seu amor, suas amizades, você, tudo vive apenas neste instante. No instante seguinte, as pétalas vão murchar, nada mais existirá.

Saber disso e ainda assim se regozijar, saber disso e ainda assim dançar, saber disso e ainda assim ter uma música nos lábios, saber disso e ainda assim ter alegria nos olhos – isso é que é *sannyas*. Na verdade, essa insegurança é bela. Essa insegurança tem uma bênção, porque, se tudo fosse seguro, não haveria vida nenhuma. Se tudo fosse seguro, não haveria pedras e rochas – nem flores, nem pássaros, nem pessoas. Se tudo fosse seguro, poderia haver notas, matemática, ciências, mas sem poesia, sem música, sem dança. O mundo seria um mundo morto, falso, de plástico.

O mundo real tem que estar em perigo constante. Esse perigo aumenta a sua beleza, esse perigo lhe dá profundidade, esse perigo torna o mundo desafiador.

Saia da sua segurança e das suas ilusões.

APRENDA A ARTE DO NÃO FAZER

Confiança significa estar aberto, disponível e receptivo como um útero. Quando você está aberto para o vento e a chuva e o sol da existência, quando não há resistência nenhuma, quando você está num estado de entrega... Isso é confiança, o estado de deixar acontecer. Quando você está fluindo com a existência, apenas flutuando com o rio em direção ao oceano, sem nenhuma ideia própria sobre onde gostaria de ir, sem ideia de quem você é – tão completamente relaxado com o rio da vida que vocês já não estão separados... Você é apenas uma ondulação no rio, uma onda – isso é confiança.

HÁ COISAS QUE SÓ PODEM ACONTECER, não se pode fazê-las. O fazer é só para coisas muito comuns, coisas mundanas. Você pode fazer alguma coisa para ganhar dinheiro, você pode fazer alguma coisa para ser poderoso, você pode fazer algo para ter prestígio; mas você não pode fazer nada quando se trata de amor, de gratidão, de silêncio.

É muito importante entender que o "fazer" significa o mundo, e o "não fazer" significa aquilo que está além deste mundo – onde as coisas acontecem, onde apenas a maré leva você à costa. Se você nadar, vai se perder; se você fizer algo, irá na verdade desfazer, porque todo o fazer é mundano.

Muito poucas pessoas conhecem o segredo de não fazer e permitir que as coisas aconteçam. Se quiser coisas grandiosas – coisas que estão além do pequeno alcance das mãos humanas, da mente humana, das habilidades humanas –, então você terá que

aprender a arte do "não fazer". Eu chamo essa arte de meditação.
É um problema, porque no momento em que você dá um nome
a ela, imediatamente as pessoas começam a perguntar como fazê-la.
E você não pode dizer que elas estejam erradas, porque a palavra
"meditação" dá a ideia do fazer. Elas fizeram o seu doutorado, elas
fizeram mil e uma coisas; quando ouvem a palavra "meditação",
elas perguntam: "Então diga-nos como fazer".

E a meditação significa, basicamente, o início do "não fazer",
do relaxar, do seguir com a maré – ser apenas uma folha morta ao
vento, ou uma nuvem movendo-se com o vento. Nunca pergunte
a uma nuvem, "Para onde você está
indo?" Ela mesma não sabe, ela não
tem endereço, não tem destino. Se os
ventos mudarem... Ela estava indo para
o sul, então começa a se mover para o
norte. A nuvem não diz aos ventos,
"Isso não tem nenhuma lógica! Estávamos indo para o sul, agora estamos nos
movendo para o norte – que sentido
isso faz?". Não, ela simplesmente começa a se mover para o norte com a
mesma naturalidade de quando estava
indo para o sul. Para ela, sul, norte, leste
e oeste não fazem nenhuma diferença.
Só se movendo com o vento – sem de-
sejo, sem nenhum objetivo, sem nenhum lugar para chegar – ela
está apenas apreciando a viagem.

> Nunca pergunte a
> um meditador,
> "Por que você está
> meditando?".
> Porque essa
> questão é
> irrelevante. A
> meditação é, em si,
> o objetivo e o
> caminho ao
> mesmo tempo.

A meditação faz de você uma nuvem – uma nuvem de consciência. Não há nenhum objetivo. Nunca pergunte a um meditador, "Por que você está meditando?". Porque essa questão é irrelevante. A meditação é, em si, o objetivo e o caminho ao mesmo tempo.

Lao Tsé é uma das figuras mais importantes da história do "não fazer". Se fôssemos registrar a história da maneira certa, então deveria haver dois tipos de história: a história dos "realizadores", dos agentes – Genghis Khan, Tamerlane, Nadirshah, Alexandre, Napoleão Bonaparte, Ivan o Terrível, Josef Stalin, Adolf Hitler, Benito Mussolini; essas são as pessoas que pertencem ao mundo do fazer. E tem de haver uma outra história, uma história mais elevada, uma história real – da consciência humana, da evolução humana. Essa é a história de Lao Tsé, Chuang Tzu, Lieh Tzu, Gautama Buda, Mahavira, Bodhidharma, um tipo totalmente diferente.

Lao Tsé atingiu a iluminação sentado sob uma árvore. Uma folha tinha acabado de cair – foi no outono, e não havia pressa; a folha estava descendo em ziguezague com o vento, lentamente. Ele observou a folha. A folha desceu até o chão, pousou no chão e, enquanto ele observava a folha que caía e pousava no chão, algo se aquietou dentro dele. A partir daquele momento ele se tornou um "não realizador". Os ventos vêm por conta própria, a existência cuida.

Ele foi contemporâneo de um grande pensador, moralista, legislador: Confúcio. Confúcio pertence à outra história, a história dos realizadores. Confúcio teve grande influência sobre a China, e tem até hoje. Chuang Tzu e Lieh Tzu foram discípulos de

Lao Tsé. Essas três pessoas chegaram ao apogeu, mas ninguém parece impressionado com elas. As pessoas ficam impressionadas quando você faz algo de grandioso. Quem fica impressionado com alguém que alcançou um estado de "não fazer"?

Mas Confúcio ouviu o nome de Lao Tsé e se interessou. "Que tipo de homem é esse que diz que as coisas reais só podem ser alcançadas por meio do "não fazer"? Não se pode conseguir nada por meio do "não fazer"! Você tem que fazer, tem que se tornar um grande realizador". E ao saber que Lao Tsé vivia muito perto, nas montanhas, Confúcio foi visitá-lo com seus discípulos. Ele tinha muitos discípulos – reis, príncipes. Ele foi um grande professor. Mas ele deteve todo mundo do lado de fora. Disse: "Deixe-me entrar na caverna sozinho, porque eu já ouvi falar que ele é um homem perigoso e eu não sei como vai se comportar comigo. Vocês ficam aqui fora. Se eu chamar, podem vir; caso contrário, conto depois o que aconteceu".

E foi sábio da parte dele não levar todo aquele grupo de discípulos com ele, porque, quando voltou, estava suando. E eles disseram: "O que aconteceu? Porque está tão frio e os ventos são tão gelados nas montanhas, e você está suando!"

Ele disse: "Vocês devem ficar felizes que eu esteja vivo. Aquele homem não é um homem, é um dragão! Ele é realmente perigoso, evitem-no!"

Não conhecemos a versão de Lao Tsé do que aconteceu na caverna, mas sabemos o que Confúcio relatou.

Ele disse: "Quando entrei, ele nem sequer olhou para mim. Eu me aproximei dele, mas ele não reparou em mim. Só isso já foi suficiente para me causar um tremor – naquela caverna escura, aquele homem sentado ali tão silencioso, como se não estivesse ali. Por fim, tive que romper o silêncio e, para quebrar o gelo, eu disse, 'Eu sou Confúcio'.

"E aquele velho perigoso disse: 'E daí? Continue sendo Confúcio'. E a conversa não deslanchava, porque, como falar com esse homem? Eu disse, 'Vim aqui falar com você'.

"Ele disse, 'Tudo bem, pode falar. Eu nunca impedi ninguém de falar. Fale, mas não há ninguém aqui para responder'.

"Reuni coragem", contou Confúcio, "e perguntei: 'Mas e você?' E ele riu e disse: 'Eu? Sim, eu costumava existir, mas faz um bom tempo que não existo mais. A casa está vazia, não existe nenhum anfitrião aqui. Mas, se você quiser, pode ser um convidado'."

Vendo que não havia maneira de se ter uma conversa agradável, cavalheiresca, com aquele homem, Confúcio disse: "Eu vim de muito longe", achando que Lao Tsé sentiria um pouco de compaixão.

Lao Tsé respondeu: "Isso mostra que você é um tolo. Não sabe nada sobre mim; caso contrário, não viria. Agora você quer um pouco da minha compaixão. Um homem ausente, como ele pode ser compassivo?"

Confúcio disse: "Pelo menos me dê alguns conselhos, como relaxar, descansar".

Lao Tsé disse: "Para isso você vai ter que esperar. A morte virá e em seu túmulo você vai relaxar e descansar, não antes disso, porque, se quiser descansar antes disso, esqueça aquela multidão que você deixou do lado de fora. Você fica aqui e eu vou lá fora. Apenas o rugido de um leão e todos vão fugir, ninguém vai voltar a esta caverna outra vez. Você descansa e relaxa".

Então, Confúcio disse: "Não, não faça isso. Eles são meus discípulos. Alguns são reis, alguns são príncipes; outros são gente rica e importante. Não posso fazer isso".

Lao Tsé disse: "É por isso que eu disse que na vida você não pode relaxar; só a morte pode ajudar você nisso. Aqueles que entendem podem relaxar na vida e descansar na vida. E o milagre é que, para eles, não existe morte, porque eles já fizeram o que a morte faz. Aqueles que são tolos não descansam, eles não relaxam. Nesse caso a natureza conseguiu um dispositivo chamado morte, para que eles possam relaxar em seus túmulos.

"Não se preocupe. Você terá um bom túmulo de mármore com um grande epitáfio em letras douradas:

'Aqui jaz o grande Confúcio, professor de reis e imperadores'. Mas se você quiser ficar comigo, tem que entender que vou ser a morte para você. Sem isso – a menos que eu o mate, eu o destrua –, não há nenhuma maneira de salvá-lo".

Confúcio, por algum motivo, disse: "Eu voltarei".

Lao Tsé riu. E disse: "Não minta. Você nunca virá novamente. Desta vez você veio porque não tinha ideia de que tipo de homem ia encontrar. Mas eu gostei. Agora vá e diga àquela multidão todas as mentiras que quiser".

Então, nós não sabemos bem o que aconteceu naquela caverna. Esse tanto sabemos por Confúcio. Muito mais deve ter acontecido lá, é preciso coragem até mesmo para contar.

Todo o ensinamento de Lao Tsé era como cursos d'água: basta seguir com a água aonde quer que ela vá, não nade. Mas a mente sempre quer fazer alguma coisa, porque, desse modo, o crédito vai para o ego.

Se a maré o trouxer para a margem, o crédito vai para a maré, não para você. Se tivesse nadado até a costa, você teria chegado com um ego enorme: "Eu consegui atravessar o Canal da Mancha!" Mas por que não dar o crédito à maré? Por que não dar o crédito à existência?

A existência lhe concede o nascimento, lhe concede a vida, lhe concede o amor; lhe concede tudo que tem um valor inestimável, que você não pode comprar com dinheiro. Só aqueles que estão prontos para dar todo o crédito de sua vida à existência percebem a beleza e a bênção; apenas essas pessoas são religiosas. Não é uma questão do que você faz. É uma questão de ficar ausente, de não fazer – deixar as coisas acontecerem.

Deixe-se levar – apenas essas duas palavras contêm a totalidade da experiência religiosa.

Deixe-se levar – apenas essas duas palavras contêm a totalidade da experiência religiosa.

Você já viu pessoas se afogando? Enquanto estão vivas elas vêm à tona várias vezes e gritam: "Socorro! Socorro!" E depois afundam e voltam a subir, afundam e, por fim, não sobem mais à superfície. Mas depois de dois ou três dias elas voltam a emergir e, então, não voltam a afundar – mas agora elas estão mortas.

A aldeia onde nasci fica às margens de um rio bonito, e eu via algumas pessoas se afogando no rio – era um rio de montanha; na estação chuvosa, tinha quilômetros de largura e a correnteza era tão forte que atravessar era arriscado, mas, quando as pessoas morriam, de repente vinham à tona e começavam a flutuar.

Na minha infância eu aprendi que existe uma coisa que os mortos sabem e os vivos não sabem, porque os vivos gritam, "Socorro! Socorro!" e afundam; e os mortos simplesmente vêm à tona, sem gritar. E eles flutuam com tanta facilidade – e não se afogam mais. Devem saber algum segredo. Eu costumava perguntar ao meu pai: "Qual é o segredo que as pessoas mortas sabem?"

Ele dizia: "Você é louco e vai me enlouquecer. Ora, como é que eu vou saber? Elas estão simplesmente mortas, não sabem nada".

Eu dizia: "Não posso acreditar nisso, porque é tão bonito vê-las flutuando, elas devem saber algum segredo que os vivos não sabem". E quando eu aprendi a nadar, descobri o segredo.

No início, quando você aprende a nadar parece muito difícil, quase impossível. Você afunda muitas vezes – a água entra pelo nariz, pela boca –, mas em três ou quatro dias você está perfeito, como se já nadasse há muitas vidas. E dentro de três ou quatro semanas você consegue flutuar como um homem morto, sem nadar, sem mover as mãos. Você pode apenas se deitar, relaxado, e o rio não tenta mais afogar você.

Eu disse ao meu pai, "Aprendi o segredo. Não é grande coisa, é bem simples. É porque os mortos não estão tentando nadar, eles estão relaxados. Eles não estão preocupados em se afogar, eles já estão mortos – o que podem fazer? Eles estão num estado de não fazer. E os vivos estão se esforçando para se salvar. Não é o rio que afoga você; é seu esforço para se salvar que o faz se afogar! Porque agora eu sei bem como ser um corpo morto na água, eu posso ficar ali por horas e o rio não está interessado em me afogar. Mas é um não fazer, eu não fico fazendo nada".

Na vida, você está tentando fazer tudo. Por favor, deixe algumas coisas para o não fazer, porque essas são as únicas coisas que têm valor.

Há pessoas que estão tentando amar, porque desde o início, a mãe fica dizendo à criança, "Você tem que me amar, porque eu sou sua mãe". Agora ela está fazendo do amor também um silogismo lógico – "porque eu sou sua mãe". Ela não está permitindo que o amor cresça por conta própria, tem que ser forçado. O pai fica dizendo: "Me ame, eu sou seu pai". E a criança é tão indefesa que tudo o que ela pode fazer é fingir. O que mais pode fazer? Ela pode sorrir, pode dar um beijo, e sabe que é tudo fingimento – ela não está fazendo pra valer, é tudo mentira. Ela não está sendo espontânea, está fazendo porque você é o pai dela, você é a mãe dela, você é isso, você é aquilo. Os pais estão estragando uma das experiências mais preciosas da vida. Então as esposas dizem aos maridos, "Você tem que me amar, eu sou sua esposa". Estranho. Os maridos estão dizendo: "Você tem que me amar. Eu sou seu marido, é meu direito".

>
>
> Na vida, você está tentando fazer tudo. Por favor, deixe algumas coisas para o não fazer, porque essas são as únicas coisas que têm valor.

O amor não pode ser exigido. Se ele for oferecido a você, seja grato. Se ele não for, espere. Mesmo nessa espera não deve haver nenhuma queixa, porque você não tem nenhum direito. O amor não é direito de ninguém. Nenhuma constituição pode lhe dar o direito de ser amado. Mas eles estão todos destruindo tudo, e as esposas estão sorrindo, os maridos estão abraçando...

Um dos escritores mais famosos dos Estados Unidos, Dale Carnegie, escreveu que todo marido tem de dizer à esposa pelo menos três vezes por dia, "Eu te amo, querida". Você está louco? Mas ele estava falando sério, e funciona. Muitas pessoas, milhões de pessoas, seguem os conselhos de Dale Carnegie. "Quando chegam em casa, trazem sorvete, flores, rosas, para mostrar que amam a esposa" – como se o amor precisasse ser demonstrado, provado materialmente, pragmaticamente, linguisticamente, de vez em quando declarado de modo que ninguém se esqueça. Se você não disser "eu te amo" à sua esposa por alguns dias, ela vai contar quantos dias se passaram e ficará mais e mais desconfiada de que esse homem deve estar dizendo isso a outra pessoa também, porque a quota dela está sendo cortada. O amor é uma quantidade. Se ele não está trazendo mais sorvete, deve estar levando sorvete para outro lugar, e isso é intolerável.

> Nós criamos uma sociedade que acredita apenas no fazer, enquanto a parte espiritual do nosso ser permanece sedenta. Porque ela precisa de algo que não é feito, mas *acontece*.

Nós criamos uma sociedade que acredita apenas no fazer, enquanto a parte espiritual do nosso ser permanece sedenta.

Porque ela precisa de algo que não é feito, mas *acontece*. Não é que você dê um jeito de dizer "eu te amo", não. Você de repente se ouve dizendo que ama. Você até se surpreende ao ouvir o que está dizendo. Não ensaiou mentalmente primeiro para depois repetir – não, é espontâneo!

E, na verdade, os momentos reais de amor não são expressos em palavras. Quando você está de fato sentindo amor, esse próprio sentimento cria em torno de você uma certa radiância que diz tudo que você não pode dizer, que não pode nunca ser dito.

Desde a infância eu contesto todas as coisas. Disse ao meu pai: "Não vou respeitá-lo só porque você é meu pai, vou respeitá-lo se você for respeitável. Se você é meu pai ou não é irrelevante; e não tem nenhuma consequência. Eu vou te amar se você for amável, se você estiver amando. E lembre-se de que não é porque você é meu pai, é só porque você é um homem digno de amor". Eu tinha que confrontar os meus professores, meus mestres: "Só vou respeitá-los se vocês forem dignos de respeito. Se não forem, então não me peçam para demonstrar respeito. Porque isso é hipocrisia. Vocês estão me ensinando a ser hipócrita e eu não acho que nenhum dos meus professores deva me ensinar hipocrisia".

Vivemos sem nenhuma rebeldia e o resultado final é que, aos poucos, muito lentamente, a hipocrisia se torna uma característica nossa. Nós nos esquecemos completamente que isso é hipocrisia. E na mente, no ser de uma pessoa que é hipócrita, qualquer coisa do mundo do não fazer é impossível. Ela pode continuar fazendo cada vez mais; vai se tornar quase um robô. Toda a sua vida é um fazer. Dia e noite, ela está fazendo, pois tudo que tem é resultado do fazer.

Mas, se de repente você se deparar com a experiência do acontecer, considere-a uma dádiva da existência e faça desse momento o início de um novo estilo de vida. Esqueça-se de nadar; deixe que a maré o leve a qualquer praia.

Toda a minha abordagem é a do não fazer. Apenas permita por alguns instantes, durante vinte e quatro horas, quando não estiver fazendo nada... deixe que a existência faça algo a você. E janelas vão começar a se abrir em seu ser – janelas vão conectá-lo com o universal, o imortal.

Se de repente você se deparar com a experiência do acontecer, considere-a uma dádiva da existência e faça desse momento o início de um novo estilo de vida. Esqueça-se de nadar; deixe que a maré o leve a qualquer praia.

NÃO PEÇA CONSOLOS

Toda a moralidade do mundo – ela tem formas diferentes, mas a base essencial é a mesma – consiste em condenar você. Você está errado, algo tem que ser feito. Você tem que ser corrigido, tem que ser aperfeiçoado. Tem que fazer algo para se tornar merecedor.

Então, se alguém diz: "A porta está aberta agora", você vai se sentir desconfortável. Você não consegue entrar. Mas, se a pessoa diz que é no futuro, então você acha que há tempo suficiente. Você fica mais confortável, consegue lidar melhor com isso. Você vai polir a si mesmo. Pode criar uma imagem, um ideal, e vai seguir esse ideal de modo que um dia possa se tornar um santo. Esse é um truque da mente: se você consegue adiar, a mente continua a ser a mesma. Para permanecer a mesma, a mente quer adiar, não quer mudar. Os ideais são necessários para que não dê o salto. Tempo é necessário para que você possa adiar.

O adiamento é a base para que você continue a ser o que é.

Só EXISTE UM JEITO DE SE VIVER. Friedrich Nietzsche disse: "Viva perigosamente". Essa é a única maneira de viver: você tem que viver na insegurança.

E a beleza da insegurança é que, depois que você tomou coragem para viver na insegurança, toda insegurança desaparece da sua vida. Alan Watts chamou isso de "a segurança da insegurança".

Existe algo que é a insegurança da segurança. Tudo o que você acha que é seguro não é; lá no fundo existe uma propensão oculta para a insegurança. Você tem dinheiro no banco, mas o banco pode ir à falência – que tipo de segurança é essa? Você tem um corpo forte, mas mesmo um corpo forte pode ficar doente. Você pode ter um ataque cardíaco, ou mais cedo ou mais tarde a morte vai cruzar o seu caminho. Você tem um corpo bonito; ele pode ficar feio a qualquer momento – um acidente de carro ou qualquer outra coisa. Você tem uma bela mulher que o ama, mas amanhã ela pode se apaixonar por outra pessoa; se ela se apaixonou por você, por que não pode se apaixonar por outra pessoa?

Você está apaixonado por alguém hoje, mas quem sabe o que pode acontecer amanhã? Tudo é inseguro. Você só finge que as coisas são seguras. Sua segurança é apenas uma camuflagem; por trás tudo é insegurança. Seus amigos podem se tornar inimigos, seus irmãos podem traí-lo; nada é seguro.

Então, primeiro veja que toda a nossa segurança é superficial, uma simples fachada; por trás há insegurança. E vice-versa – se você começar a viver em insegurança, ficará surpreso: a insegurança estará apenas na superfície e no fundo você vai estar seguro.

Como isso acontece? Quando você se libertar do medo da insegurança, a insegurança desaparece; ela existe no próprio temor que ela gera. Em vez de ter medo dela, você começa a desfrutar da emoção que ela causa – por-

> Quando você
> se libertar do medo
> da insegurança,
> a insegurança
> desaparece; ela
> existe no próprio
> temor que ela gera.
> Em vez de ter
> medo dela, você
> começa a desfrutar
> da emoção
> que ela causa.

que a insegurança é aventureira, ela traz novas surpresas para você, é uma aventura constante rumo ao desconhecido. Causa uma grande emoção. Leva você do conhecido para o desconhecido a todo instante; há sempre surpresas, e cada momento da sua vida torna-se imprevisível.

Hakim Sanai diz:

Até que você jogue fora a sua espada, não vai se tornar um escudo.

Se você andar por aí com a espada na mão, sempre com medo, protegendo-se, vai permanecer desprotegido, não vai se tornar um escudo.

Jogue fora a espada e no mesmo instante você se torna o escudo.

Jogue fora o medo da insegurança, jogue fora o desejo de ficar seguro, e você fica seguro. Toda a segurança está em Deus, com a divindade, com o todo. Se existir separadamente como eu, você está inseguro. Se você se esquecer de si mesmo, se fundir ao todo, você está seguro. Nessa união está a segurança; você se torna um escudo.

Ele também diz: *Até que deixe a sua coroa de lado, você não vai estar pronto para liderar.*

E este é o mal básico: a busca pela segurança. O mal é na verdade vender ou trocar vitalidade por sobrevivência. O estado mental está interessado apenas na sobrevivência. O ego está sempre buscando sobreviver; a mente quer permanecer segura em todos os sentidos possíveis e, por causa da sua obsessão por segurança, ela deixa você incapacitado, ela o paralisa. Trocar vivacidade por sobrevivência é o mal fundamental.

Solte esse medo da insegurança. Ame a insegurança, porque insegurança é vida. Não viva com medo, pois a pessoa que vive com medo não vive de verdade, ela só vegeta. Aqueles que vivem com medo vivem constantemente focados na morte. Medo significa medo da morte. Todo o medo pode ser reduzido a medo da morte. E aqueles que estão focados na morte deixam de viver, porque como você pode aproveitar a vida se está o tempo todo pensando na morte?

Se uma pessoa tem medo de aventuras, então ela permanecerá fechada.

Todo o medo pode ser reduzido a medo da morte. E aqueles que estão focados na morte deixam de viver, porque como você pode aproveitar a vida se está o tempo todo pensando na morte?

Ela quer viver quase numa cova. Então ela vai descobrir que o medo está em toda parte: todos os tipos de medos vão atormentá-la, ela vai ficar paranoica. Não conseguirá viver; vai no máximo sobreviver. Ela só sobrevive, ela não vive.

Você tem que se libertar desse medo. Porque esse medo se perpetua; torna-se cada vez maior e afoga você na sua lama.

O PRÓPRIO PEDIDO POR SEGURANÇA CRIA O PROBLEMA: quando você pede por segurança, você fica inseguro. Quanto mais você pedir, mais inseguro vai ficar. A insegurança é a própria natureza da vida. Se não pedir por segurança, nunca terá que se preocupar com a insegurança.

Assim como as árvores são verdes, a vida é insegura. Se você começar a pedir que as árvores sejam brancas, então será um problema. O problema é criado por você e não pelas árvores! Elas são verdes e você pede que sejam brancas? Elas não podem fazer isso; não podem agir dessa maneira.

A vida é insegura, o amor é inseguro. Estamos no vazio, no tremendo nada – e é bom que seja assim, caso contrário estaríamos mortos. A vida só pode ser segurança se você estiver morto; então tudo pode ser uma certeza.

Debaixo de uma rocha não existe chão. Debaixo de uma flor não existe nada – a flor está insegura. Uma leve brisa e a flor pode se despetalar, as pétalas podem cair e desaparecer na terra. É um milagre que a flor exista! A vida é um milagre, porque não há nenhuma razão para que ela exista. É simplesmente um milagre que você exista – caso contrário, há todas as razões para que você não exista.

A maturidade só vem quando você passa a aceitar isso – e não apenas aceitar; você começa a se alegrar com isso. A vida é insegura – isso significa que a vida é livre! Se houver segurança, então haverá cativeiro. Se tudo for garantido, então não haverá liberdade. Se amanhã for fixado, então não haverá segurança, e você não terá nenhuma liberdade. Então você será apenas um robô. Terá que cumprir certas coisas que já estão predeterminadas.

> Se amanhã for fixado, então não haverá segurança, e você não terá nenhuma liberdade. Então você será apenas um robô.

Mas o amanhã é belo porque é a liberdade total. Ninguém sabe o que vai acontecer; se você vai estar respirando, se você vai estar vivo, até lá – ninguém sabe. Portanto, há uma beleza, porque tudo é caos, um desafio, e tudo é só uma possibilidade.

Não peça consolos. Se você continuar pedindo, permanecerá inseguro.

Aceite a insegurança; então a insegurança desaparece e você não fica mais inseguro. Não é um paradoxo, é uma simples verdade – paradoxal, mas absolutamente verdadeira. Até agora você existiu, então por que se preocupar com o amanhã? Se conseguiu existir até hoje, se conseguiu existir ontem, o amanhã vai cuidar de si mesmo também. Não pense no amanhã, siga em frente com liberdade. Basta ter entendimento, no mesmo instante você se sente mais tranquilo.

Mas essa tranquilidade não é a da segurança, essa tranquilidade não é a da morte, essa tranquilidade não é a da sepultura. Essa tranquilidade tem um tremendo caos dentro dela, mas ainda assim é uma tranquilidade silenciosa, porque você não está fazendo mais nenhum pedido, por isso não existe tensão. Um caos tranquilo – é assim que um ser humano deve ser.

AMARRE SEU CAMELO PRIMEIRO

"Confie em Alá, mas amarre seu camelo primeiro."
– ditado sufista

Existem dois tipos de pessoa neste mundo. Uma pensa que tem que fazer alguma coisa; ela mesma é o agente. Ela não confia no todo, no todo abrangente. Ela vive apenas da sua própria "energiazinha", e naturalmente é derrotada vezes e vezes sem conta e constata que é um fracasso. Se você vive da sua energiazinha em vez de viver dessa vasta energia que o rodeia, vai ser um perdedor, um caso perdido! E vai sofrer grandes agonias e angústias; toda a sua vida não vai ser nada além de um longo martírio.

O segundo tipo de pessoa é aquele que pensa: "Se a existência está fazendo tudo, eu não preciso fazer nada. Não tenho que fazer coisa alguma". Ela apenas se senta e espera. Ela fica cada vez mais preguiçosa, até chegar um ponto em que já não vive, apenas vegeta.

Esses dois tipos representam o Oriente e o Ocidente. O Ocidente representa o agente, o tipo ativo, e o Oriente representa o não agente, o tipo passivo. O Ocidente está provocando a sua própria loucura. O problema da humanidade ocidental é que existe ação demais; não há confiança, há muita dependência de si mesmo, como se "eu tivesse que fazer tudo", como se "eu estivesse sozinho", como se "a existência não se importasse nem um pouco comigo". É claro que isso causa ansiedade, e a ansiedade é excessiva, insuportável. Ela cria todos os tipos de neurose, psicose; mantém as pessoas sempre à beira do colapso, tensas, nervosas. Ela é assassina, é enlouquecedora.

O Ocidente conseguiu fazer muitas coisas. Conseguiu se desvencilhar da ideia de confiar na existência, conseguiu abandonar todos os tipos de confiança e entrega, abandonar todos os tipos de estados relaxados. Ele não sabe deixar nada acontecer – esqueceu-se completamente. É por isso que no Ocidente as pessoas estão encontrando mais e mais dificuldade até para dormir, porque o sono precisa de um certo tipo de confiança.

Uma vez conheci um homem que não conseguia dormir durante a noite; ele vivia acordado. Dormia durante o dia, mas ficava acordado à noite. A esposa dele me disse: "Faça alguma coisa, porque isso está criando muitos problemas. Ele não consegue trabalhar porque dorme durante o dia e, durante toda a noite, fica acordado e não nos deixa dormir também, então está me deixando louca!"

Eu fiz muitas perguntas a ele sobre o fenômeno. O homem era um grande questionador, não tinha confiança em nada. Ele me disse: "Eu não consigo dormir à noite porque todo mundo está dormindo. Se alguma coisa me acontecer, então quem é que vai cuidar de tudo? Eu durmo durante o dia porque as crianças estão acordadas, minha esposa está acordada, os vizinhos estão acordados, o mundo inteiro está acordado. Se alguma coisa me acontecer, alguém vai cuidar de mim. Se eu morrer à noite, como vai ser...? Se eu parar de respirar durante a noite, como vai ser...?"

Ele era louco, mas isso é exatamente o que está provocando a insônia no mundo ocidental. As pessoas acham que não podem cair no sono, que algo deu errado em seus corpos. Nada deu errado em seus corpos – seus corpos estão mais saudáveis do que nunca, na realidade mais saudáveis do que jamais estiveram. Mas a ideia se entranhou tão profundamente na mente ocidental que elas têm que *fazer* tudo. E o sono não pode ser feito, não é parte do "fazer". O sono tem que ser permitido. Você não pode fazê-lo, não é uma ação; o sono vem, ele acontece.

O Ocidente esqueceu completamente como deixar as coisas acontecerem, como ficar num estado de deixar acontecer, então o sono ficou difícil. O amor tornou-se difícil, o orgasmo ficou difícil. A vida é tão tensa e extenuante que parece não haver esperança, e o ser humano vive perguntando "Para que viver? Por que continuar vivendo?". O Ocidente está a ponto de cometer suicídio. Esse momento do suicídio está se aproximando cada vez mais.

O Oriente conseguiu relaxar demais, ficou muito no deixar acontecer. Ficou bastante preguiçoso. As pessoas continuam morrendo, morrendo de fome – e elas estão felizes com isso, não estão preocupadas, elas confiam na existência. Elas se adaptam a todos os tipos de situação desagradável. Nunca mudam nada. Dormem bem e têm uma certa calma e quietude, mas suas vidas são quase vegetativas. Milhões de pessoas morrem todos os anos apenas por causa da fome no Oriente. Elas não fazem nada nem ninguém se preocupa com isso. "Deve ser a vontade de Deus!"

Esse ditado sufista – "Confie em Alá, mas amarre seu camelo primeiro" – quer criar o terceiro tipo de ser humano, o verdadeiro ser humano: aquele que sabe como fazer e como não fazer, que pode ser um agente quando necessário, pode dizer "sim" e pode ser passivo quando necessário, e pode dizer "não". Aquele que está totalmente desperto de dia e totalmente adormecido durante a noite, que sabe inspirar e expirar, que conhece o equilíbrio da vida.

"Confie em Alá, mas amarre seu camelo primeiro." Esse provérbio vem de uma historinha.

> Um mestre estava viajando com um dos seus discípulos. O discípulo estava encarregado de cuidar do camelo. Eles chegam cansados, no meio da noite, a um caravançarai*. Era tarefa do discípulo amarrar o camelo, mas ele não se preocupou com isso e deixou o camelo solto do lado de fora. Em vez de amarrá-lo, só fez uma oração. Pediu a Alá: "Cuide do camelo" e adormeceu. De manhã, o camelo tinha ido embora – roubado ou fugido, ou sabe-se lá. O mestre perguntou: "O que aconteceu com o camelo? Onde está o camelo?"
>
> O discípulo disse: "Eu não sei. Pergunte a Alá, porque pedi a ele para cuidar do camelo. Eu estava tão cansado!

---

* No Oriente Médio, espécie de hospedaria onde ficam as caravanas que viajam pelo deserto. (N.T.)

Adormeci logo em seguida, então não sei. A culpa não é minha, porque eu pedi a ele, e com todas as letras! Não havia como ele não saber. Não pedi apenas uma vez na verdade, eu pedi três vezes. Você sempre disse "Confie em Alá", então eu confiei. Agora, não me olhe com essa raiva".

O mestre disse: "Confie em Alá, mas amarre seu camelo primeiro, porque Alá não tem outras mãos que não sejam as suas".

Se ele quiser amarrar o camelo, Alá vai ter de usar as mãos de alguém; ele não tem mãos. E o camelo é seu! A melhor maneira e a mais fácil, e o caminho mais curto para ele, é usar as suas mãos.

Confie na existência – não confie apenas nas suas mãos, caso contrário você vai ficar tenso. Amarre o camelo e então confie na existência. Você vai perguntar: "Então por que confiar na existência se você tem que amarrar o camelo primeiro?" Porque um camelo amarrado também pode ser roubado.

Você faz tudo o que pode fazer. Mas isso não dá certeza do resultado, não existe nenhuma garantia. Então você faz tudo o que pode e depois, aconteça o que acontecer, aceita isso. Esse é o significado de amarrar o camelo: faça o que for possível, não fuja da sua responsabilidade. E então, se nada acontecer, ou algo der errado, confie na

Faça o que for possível, não fuja da sua responsabilidade. E então, se nada acontecer, ou algo der errado, confie na existência.

existência. A existência sabe o que é melhor. Então viajar sem o camelo talvez seja o melhor para nós.

É muito fácil confiar na existência e ser preguiçoso. É muito fácil não confiar na existência e ser um agente. Ser o terceiro tipo de pessoa é difícil – confiar na existência e ainda continuar a ser um agente. Mas agora você só colabora; a existência é o verdadeiro agente, você é apenas um instrumento nas mãos dela.

Quem ou o que o camelo é depende do contexto. O conteúdo do camelo vai estar lá, mas o contexto será diferente. Todo dia isso acontece: você pode ter feito alguma coisa, mas você não fez isso, e você está usando a desculpa de que "se a existência quer que seja feito, ela fará isso de qualquer maneira". Ou você faz algo e então espera pelo resultado, você espera, e o resultado nunca vem. Então você fica com raiva, como se tivesse sido enganado, como se a vida o tivesse traído, como se ela fosse contra você: parcial, preconceituosa, injusta! E isso faz surgir uma grande queixa em sua mente. Então, está faltando confiança.

A pessoa religiosa é aquela que continua a fazer tudo que é humanamente possível, mas não cria tensão por causa disso. Porque nós somos átomos muito, muito pequenos neste universo. As coisas são muito complicadas. Nada depende apenas das minhas atitudes. Existem milhares de energias que se cruzam, e o total das energias vai decidir o resultado. Como eu posso decidir o resultado? Mas, se eu não faço nada, então as coisas podem nunca ser as mesmas... Eu tenho que fazer, e ainda assim eu tenho que aprender a não esperar. Então, fazer é uma espécie de devoção, sem nenhum desejo de que o resultado seja este ou aquele. Então, não existe frustração.

A confiança irá ajudá-lo a permanecer sem frustração, e amarrar o camelo vai ajudá-lo a permanecer vivo, intensamente vivo. O camelo não é uma entidade fixa; não é o nome de uma determinada entidade. Você terá que olhar todo o contexto; ele vai mudando. Mas o ditado é de imenso valor; é a abordagem sufista para criar o terceiro tipo de ser humano.

A EXISTÊNCIA CUIDA

RESPOSTAS A PERGUNTAS

Aquele que não é iluminado consegue vive em total insegurança e não ser ansioso, deprimido e infeliz?

A TOTAL INSEGURANÇA E A CAPACIDADE DE VIVER nela são sinônimos de iluminação. Por isso, aquele que não é iluminado não pode viver em total insegurança, e aquele que não pode viver em total insegurança não pode se tornar iluminado. Não se trata de duas coisas, são apenas duas maneiras de se dizer a mesma coisa. Portanto, não espere até que seja iluminado para viver na insegurança, não! Porque então você nunca se tornará iluminado.

Comece a viver na insegurança – esse é o caminho para a iluminação. E não pense na insegurança total. Inicie no ponto em que você está. Do modo como você é, você não pode ser total em nada, mas é preciso começar. No início a insegurança criará ansiedade, no início você vai se sentir infeliz –, mas apenas no início. E se você conseguir passar do início, se conseguir suportar o início, o sofrimento vai sumir, a ansiedade vai sumir.

O mecanismo tem de ser entendido. Por que você sente ansiedade quando se sente inseguro? Não é por causa da insegurança, mas por causa da exigência por segurança. Quando se sente inseguro, você fica ansioso, a ansiedade aparece. Mas ela não aparece por causa da insegurança, ela aparece por causa da exigência para tornar a vida uma segurança. Se você começar a viver de forma insegura e não exigir segurança, a ansiedade vai desaparecer quando a exigência desaparecer. A exigência está criando a ansiedade.

A insegurança é a própria natureza da vida. É um mundo inseguro para um Buda; para um Jesus também é inseguro. Mas eles não estão ansiosos porque aceitaram o fato. Eles amadureceram o suficiente para aceitar a realidade.

Essa é a minha definição de maturidade e imaturidade. A pessoa que eu chamo de imatura é aquela que vive lutando contra a realidade para viver ficções e sonhos. Essa pessoa é imatura. Maturidade significa chegar a um acordo com a realidade, jogando fora os sonhos e aceitando a realidade como ela é. Buda é maduro. Ele aceita. É assim e pronto. Por exemplo, embora a morte exista, uma pessoa imatura sempre pensa que todo mundo pode morrer, menos ela. Uma pessoa imatura está sempre pensando que, na época em que ela for morrer, algo será descoberto, algum elixir, o que significa que ela não vai morrer. Uma pessoa imatura está sempre pensando que não é a regra morrer. Claro, muitos morreram, mas tudo tem uma exceção, e ela vive pensando que ela é a exceção.

Sempre que alguém morre você se sente solidário, você pensa, "Pobre homem, ele morreu". Mas nunca passa pela sua cabeça que a morte desse homem representa a sua morte também. Não, você deixa isso de lado. Você simplesmente não toca nesse assunto tão delicado. Você continua pensando que uma coisa ou outra vai poupá-lo – algum mantra, algum milagre, algum guru milagreiro. Alguma coisa vai acontecer e você será salvo. Você está vivendo histórias, histórias infantis. A pessoa madura é aquela que olha para o fato e aceita que a vida e a morte estão juntas. A morte não é o fim, é o auge da vida! Não é algo como um acidente que acontece na vida, é algo que cresce no coração da vida. Ela cresce e chega a um pico. Assim, ele aceita e então não tem medo da morte. Ele aceita que a segurança não é possível. Você pode criar uma fachada, você pode ter um saldo bancário, você pode doar muito dinheiro para ter alguma segurança no céu, você pode fazer tudo, mas no fundo sabe que nada é de fato seguro. O banco pode enganá-lo e ninguém sabe se o sacerdote não é um charlatão, o maior dos charlatães. Ninguém sabe. Eles escrevem cartas...

Na Índia, existe uma seita muçulmana. O líder dos sacerdotes dessa seita escreve cartas para Deus. Você doa uma determinada quantia em dinheiro e ele vai escrever uma carta. A carta será colocada com você no seu túmulo, na sua sepultura. Ela será colocada com você para que você possa produzir a carta. O dinheiro vai para o sacerdote, a carta vai com você. Mas nada é seguro.

A pessoa madura chega a um acordo com a realidade, ela a aceita como é. Ela não exige. Ela não é exigente. Ela não diz, "Deveria ser assim". Ela olha para o fato e diz: "Pois é, é assim". Esse acordo com a realidade torna impossível o sofrimento – porque o sofrimento aparece quando você faz exigências. Na verdade, o sofrimento nada mais é do que uma indicação de que você está indo contra a realidade. E a realidade não pode ser alterada por você, você vai ter que ser alterado pela realidade. Você terá que aceitar. Terá que ceder.

É isso que significa entrega: você tem que ceder. A realidade não pode ceder, a realidade é o que é. A menos que ceda, você vai sofrer. O sofrimento é criado por você, porque você continua lutando contra. É simplesmente como se um rio estivesse correndo para o mar e você estivesse tentando nadar contra a corrente. Você sente que o rio está contra você. O rio não está contra você. Ele nem sequer ouviu falar a seu respeito. Ele não conhece você. O rio está apenas correndo para o mar. É da natureza de um rio correr para o mar, fluir para o mar e desembocar nele. Você está tentando nadar corrente acima.

E pode haver alguns tolos, sentados ou em pé na margem, que continuam estimulando você: "Você está indo muito bem. Não se preocupe porque, mais cedo ou mais tarde, o rio terá que ceder. Você é simplesmente incrível, continue! Aqueles que são grandiosos, eles venceram o rio". Há sempre pessoas tolas que vão lhe dar inspiração, vão lhe dar mais entusiasmo. Mas nem Alexandre, nem Napoleão, nenhum grande homem, ninguém jamais foi capaz de nadar contra a corrente. Cedo ou tarde o fluxo leva a melhor. Mas, quando está morto, você não pode desfrutar da bem-aventurança que era possível enquanto estava vivo; a felicidade de se render, de aceitar, de se tornar tão uno com o fluxo que não haja mais conflito.

Mas esses tolos na margem vão dizer: "Você se rendeu, você é um derrotado, você é um fracasso". Não dê ouvidos a eles, só desfrute da liberdade interior que advém da entrega. Não dê ouvidos a eles.

Quando Buda parou de tentar nadar contra a corrente, todos aqueles que o conheciam disseram: "Você é um escapista. Você é um fracasso. Você aceitou a derrota". Não ouça o que os outros dizem. Repare no sentimento interior. Sinta o que está acontecendo em você. Se você se sente bem fluindo com a corrente, esse é o caminho. Esse é Tao para você.

Não dê ouvidos a ninguém, apenas ouça o seu próprio coração. Seja qual for a realidade, a maturidade aceita.

Eu ouvi uma história. Fizeram uma pergunta a um muçulmano, a um cristão e a um judeu. A pergunta era a mesma. Perguntaram a cada um dos três: "O que você faria se houvesse um maremoto, o mar invadisse a terra e você fosse se afogar?" O cristão disse: "Eu faria o sinal da cruz sobre o coração e rogaria a Deus para me deixar entrar no céu, para abrir as portas". O muçulmano disse, "Eu entoaria o nome de Alá e diria que esse é *kismet*, esse é o destino – e me afogaria". O judeu disse: "Eu agradeceria a Deus e aceitaria a vontade dele e aprenderia a viver debaixo da água".

É preciso fazer isso. A pessoa tem que aceitar a vontade da existência, a vontade do universo, e aprender a viver de acordo com ela. Isso é uma arte. Uma pessoa madura aceita tudo que acontece, não exige, não fala sobre céu nenhum. O cristão estava no fazer, ele estava pedindo, ele estava dizendo: "Abra as portas do céu". Mas ele também não era um pessimista que apenas aceita o fato e se afoga. O muçulmano faria justamente isso. O judeu aceita, dá as boas-vindas ao destino, até, e diz: "Esta é a vontade dele, agora eu preciso aprender a viver debaixo da água. Essa é a vontade de Deus".

Aceite a realidade como ela é e aprenda a viver nela com um coração entregue, com um ego rendido.

Qual é a diferença entre confiar e ser ingênuo?

A DIFERENÇA ENTRE CONFIAR E SER INGÊNUO É ENORME, mas a linha divisória é muito sutil. Ser ingênuo significa ser ignorante. Confiar é o ato mais inteligente da existência. E os sinais a ser lembrados são estes: ambos serão enganados, ambos serão ludibriados, mas a pessoa ingênua vai se sentir enganada, vai se sentir ludibriada, vai ficar com raiva, vai começar a desconfiar das pessoas. Sua ingenuidade, mais cedo ou mais tarde, torna-se desconfiança. E a pessoa que confia também vai ser enganada, também vai ser ludibriada, mas ela não vai se sentir mal. Ela vai simplesmente sentir compaixão por aqueles que a enganaram, que a ludibriaram, e sua confiança não será perdida. Sua confiança vai continuar a aumentar, apesar de todos os enganos. Sua confiança não vai se transformar em desconfiança da humanidade. Esses são os sintomas. No início, ambas têm a mesma aparência. Mas, no final, a qualidade de ser ingênua se transforma em desconfiança e a qualidade da confiança vai ficando cada vez mais confiante, mais compassiva, mais compreensiva com relação às fraquezas humanas, às fragilidades humanas. A confiança é tão valiosa que a pessoa está pronta para perder tudo, menos a confiança.

Sempre que eu confio, aconteça o que acontecer, é lindo. Quando surgem dúvidas, dói. Só o fato de confiar... é suficiente para me deixar leve, feliz. Por que, então, eu ainda duvido?

É UMA DAS QUESTÕES MAIS FUNDAMENTAIS DA VIDA. A questão não é apenas uma questão de confiança e dúvida, ela está enraizada na dualidade da mente. É assim com o amor e o ódio, é assim com o corpo e a alma, é assim com este mundo e o outro mundo.

A mente não pode ser una. O próprio processo da mente divide a realidade em polos opostos – e a realidade é una, a realidade não é dual, a realidade não é muitos. Não é um multiverso, é um universo.

Esta existência é um todo orgânico. Mas a mente funciona, basicamente, dividindo-se, a mente funciona como um prisma. Se você passar um raio de luz através do prisma, ele é imediatamente dividido em sete cores. Antes de passar através do prisma ele era apenas branco, puro branco; depois do prisma transforma-se em todo o arco-íris.

A mente divide a realidade em dois. E esses dois são obrigados a ficar sempre juntos, porque na própria existência eles são indivisíveis. A divisão só existe na mente, apenas em seu pensamento.

Você diz: "Você poderia falar mais sobre a confiança? Sempre que eu confio, aconteça o que acontecer é bonito..." Mas a sua confiança nada mais é que o outro polo da dúvida; ela não pode existir sem a dúvida. Sua confiança é só um antídoto para duvidar. Se a dúvida realmente desaparecer, para onde vai a sua confiança? Que necessidade haverá da confiança? Se não houver nenhuma dúvida, então não haverá confiança também.

E você tem medo de perder a confiança, você se agarra à confiança. Agarrando-se à confiança você está se apegando à dúvida também, lembre-se. Você pode ter as duas, mas não pode ter uma só. Ou você tem que abandonar ambas ou continuar com ambas; elas são indivisíveis, dois lados da mesma moeda. Como você pode evitar o outro lado? Ele sempre estará lá. Você pode não olhar para ele, mas isso não faz diferença. Mais cedo ou mais tarde, você vai ter que olhar.

Outra parte da mente é: ela fica entediada com qualquer coisa muito rápido. Então, se você estiver confiante, em breve vai ficar entediado com isso. Sim, é bonito ser confiante, mas apenas no início. Logo a mente começa a querer algo novo, algo diferente, para que ocorra uma mudança. Então, vem a dúvida, e a dúvida dói; mais uma vez você começar a se mover em direção à confiança. E a confiança fica monótona, e você tem que cair na armadilha da dúvida... A pessoa segue dessa maneira, como o pêndulo de um relógio: direita, esquerda, direita, esquerda, ela continua seguindo em frente.

Você vai ter que entender que existe uma confiança totalmente diferente da que conheceu até agora. Estou falando sobre *essa* confiança. A distinção é muito delicada e sutil, porque as palavras são as mesmas. Eu tenho que usar a linguagem que você usa. Não posso criar uma nova linguagem; será inútil porque você não vai entender. Eu não posso continuar usando sua linguagem no mesmo sentido que você a usa, porque então ela também será inútil. Não vou ser capaz de expressar a minha experiência, que está além da sua linguagem. Então eu tenho que encontrar um ponto intermediário; tenho que usar a sua linguagem, suas palavras, com novos significados. Esse ajuste tem de ser feito. Todos os budas tiveram que fazer muito isso.

Eu uso as suas palavras com os meus significados. Por isso, fique muito alerta: quando digo "confiança", o que eu quero dizer é totalmente diferente do que você quer dizer quando usa a mesma palavra. Quando eu digo "confiança", quero dizer a ausência da dualidade dúvida e confiança. Quando eu digo "amor", quero dizer a ausência da dualidade amor e ódio. Quando você usa a palavra "confiar", isso significa o outro lado da dúvida; quando você usa a palavra "amor" isso significa o outro lado do ódio. Mas assim você está preso a uma dualidade, a um duplo vínculo. E você ficará esmagado entre os dois; toda a sua vida vai se tornar uma angústia.

Você sabe que a confiança é bonita, mas a dúvida surge porque a sua confiança não está fora da dúvida. Sua confiança é contra a dúvida, mas não vai além. Minha confiança é uma transcendência; está além. Mas, para ir além você tem que se lembrar: as duas coisas têm de ser deixadas para trás. Você não pode escolher. Sua confiança é uma escolha em detrimento da dúvida; minha confiança é uma consciência sem escolha. Na verdade, eu não deveria usar a palavra "confiança"; ela confunde. Mas então o que fazer? Que outra palavra usar para isso? Todas as palavras vão confundi-lo.

Eu não deveria estar falando, na verdade, mas você não conseguiria entender o silêncio também. Eu estou falando para ajudá-lo a tornar-se silêncio. Minha mensagem pode ser entregue apenas em silêncio. Apenas no silêncio, na comunhão... Mas, para que se torne possível, tenho de me comunicar com você, persuadi-lo. Isso pode ser feito apenas através de suas palavras. Mas uma coisa, se lembrada, será de imensa ajuda: eu uso as suas palavras, mas com meus próprios significados; não se esqueça dos meus significados.

Vá além da dúvida e da confiança, então você terá um novo sabor de confiança – que não conhece nada da dúvida, que é absolutamente inocente. Vá além de ambas e você simplesmente ficará, a sua consciência, sem nenhum conteúdo. E é disso que se trata a meditação. Confiança é meditação.

Não reprima a sua dúvida. Isso é o que você vive fazendo. Quando você ouve sobre as belezas da confiança, as maravilhas da confiança, os milagres da confiança, um grande desejo, um grande anseio, uma grande cobiça surge em você para alcançá-la. E então você começa a reprimir a dúvida; você vive lançando a dúvida nas profundezas do inconsciente para que não precise encontrá-la. Mas ela está lá. E quanto mais fundo ela vai, mais perigosa ela é, porque lá do fundo vai manipulá-lo. Você não conseguirá vê-la, e ela vai continuar influenciando a sua vida. Sua dúvida vai ser mais poderosa no inconsciente do que no consciente. Por isso, eu digo que é melhor ser cético, é melhor ser cético com conhecimento de causa, de forma consciente, do que ser crente e, sem saber, inconscientemente, continuar sendo um cético.

Todos os crentes duvidam, portanto eles têm muito medo de perder a confiança. A confiança deles é pobre, a confiança deles é impotente. Os hindus têm medo de ler as escrituras dos budistas, os budistas têm medo de ler as escrituras dos cristãos, os cristãos têm medo de ler as escrituras de outras religiões. O ateu tem medo de ouvir o místico, o teísta tem medo de ouvir o ateu. De onde vem todo esse medo? Não do outro: ele vem do seu inconsciente. Você sabe muito bem – como pode não saber? Você pode querer esquecer, mas não consegue – a dúvida está lá! Você sempre sente isso vagamente, a dúvida existe, e qualquer um pode provocá-la. Ela pode ter ficado dormente, pode ser ativada outra vez; daí o medo de ouvir algo que vá contra a sua crença.

Todos os crentes vivem com os olhos fechados e ouvidos fechados e corações fechados – eles têm que viver, porque no momento em que abrem os olhos surge o medo. Quem sabe o que vão ver? Isso pode afetar a crença deles. Eles não podem ouvir, não podem se dar ao luxo de ouvir, porque algo pode chegar ao fundo do inconsciente e o inconsciente pode ser perturbado. E é só com grande dificuldade que eles têm conseguido controlar a dúvida. Mas essa dúvida controlada, essa dúvida reprimida, vai exigir vingança, cedo ou tarde ela vai se vingar. Ela vai esperar uma oportunidade para surgir. E está ficando mais e mais forte dentro de você. Em breve ela vai acabar com seus sistemas de crença conscientes. É por isso que é tão fácil mudar a pessoa de hindu para muçulmana, de muçulmana para cristã, de cristã para hindu – é muito fácil.

Antes da Revolução Russa, nem um século atrás, toda a Rússia era religiosa – na verdade, era um dos países mais religiosos do mundo. Então o que aconteceu? Apenas a revolução! Os comunistas tomaram o poder, e em dez anos toda a religiosidade evaporou. As pessoas se tornaram ateias porque passaram a aprender nas escolas, faculdades, universidades, em todos os lugares, que Deus não existe, que a alma não existe.

Elas costumavam acreditar em Deus, agora passaram a não acreditar em Deus nenhum! Acreditavam antes e ainda acreditam. Antes a dúvida era reprimida, agora a confiança é reprimida. Mais cedo ou mais tarde, a Rússia vai passar por outra revolução – quando a confiança vier à tona novamente e a dúvida for jogada de volta no inconsciente. Mas é tudo a mesma coisa. Você está se movendo em círculos.

Na Índia, as pessoas são muito religiosas. É tudo bobagem. A chamada religião desse país nada mais é que dúvida reprimida. E isso acontece em outros países também.

Esse não é o caminho da transformação interior – a repressão nunca é o caminho da revolução. Compreensão, não repressão: tente entender a sua dúvida, tente entender a sua confiança; tente entender o seu "não" e tente entender o seu "sim", e então você vai ver que eles não estão separados, eles são inseparáveis. Que significado pode ter o "sim" se a palavra "não" desaparecer dos idiomas? Que significado pode ter o "não" se você não souber nada sobre o "sim"?

Eles estão unidos, casados, não podem se divorciar. Mas existe uma transcendência. Não há necessidade de divorciá-los, não há necessidade de separá-los – não tente o impossível. Vá além. Basta observar ambos.

Esta é a minha sugestão: observe quando surgir a dúvida, não se identifique com ela. Não fique perturbado, não há razão para ficar perturbado. A dúvida aparece, você observa; você não é a dúvida. Você é apenas um espelho refletindo-a. E quando a confiança surge, há um pouco mais de dificuldade para observar porque você diz, "A confiança me deixa tão feliz, a confiança faz com que eu me sinta tão belo!". Você vai saltar sobre ela, você gostaria de se identificar com ela. Você gostaria de ser conhecido como alguém que confia, como aquele que tem fé. Mas então você nunca vai sair do círculo vicioso. Observe a confiança também.

E quanto mais profunda a sua observação... Você ficará surpreso: olhando lá no fundo da dúvida, você vai descobrir que o outro lado é confiança – como se a moeda ficasse transparente e você pudesse ver este lado e também o outro lado. Então observe a confiança e você vai conseguir ver a dúvida se escondendo atrás dela. Esse momento é de grande realização: ao ver que dúvida é confiança, que confiança é dúvida, você se liberta de ambas. De repente, uma transcendência! Você já não está ligado a nenhuma das duas, a sua escravidão chega ao fim. Você já não é pego na dualidade e, quando já não é pego na dualidade, você não é mais parte da mente – a mente é deixada para trás. Você é simplesmente consciência pura. E conhecer a consciência pura é conhecer a verdadeira beleza, a verdadeira bênção, a bênção real.

Se você quiser chamar esse estado de "confiança", então você vai entender a minha linguagem. Eu chamo esse estado de confiança que não sabe nada sobre a dúvida, não tem nem mesmo uma sombra de dúvida.

Mas é claro que estou usando a linguagem de uma forma que nenhum linguista vai concordar. Mas sempre foi assim. O místico tem algo a dizer que não pode ser dito. E o místico tem de comunicar algo que é incomunicável. O problema do místico é: o que fazer? Ele tem algo a dizer, e é tanto que ele gostaria de compartilhar – ele tem de compartilhar. Compartilhar é inevitável, não dá para evitar. É como uma nuvem cheia de água de chuva: ela tem de chover, tem de despejar toda a água. É como uma flor cheia de fragrância: o perfume tem de ser levado pelos ventos. É como uma luz na noite escura: a luz tem de dissipar a escuridão.

Sempre que alguém se torna iluminado, essa pessoa se torna uma nuvem cheia de água de chuva. Para o Buda, o homem iluminado é aquele que atingiu *meghasamadhi*. *Megha* significa "nuvem", *samadhi* significa "a consciência suprema": aquele que atingiu a nuvem da consciência suprema. Por que ele usa a palavra nuvem? Por causa dessa necessidade intrínseca de chover. Um homem que é iluminado se torna uma flor que desabrochou. Os místicos do Oriente chamaram a abertura final do seu coração, do seu ser, da sua consciência, de *sahasrar* – o lótus de mil pétalas. Se esse lótus de mil pétalas se abre, como você pode não compartilhar o seu perfume? Isso é natural, espontâneo; ele começa a se espalhar com os ventos.

Um buda é um homem cujo coração é cheio de luz; um buda é alguém que se tornou uma chama, uma chama eterna que não pode ser extinta. Agora ele é obrigado a dissipar a escuridão. Mas o problema é: como transmitir a mensagem?

Você tem uma linguagem que se baseia na dualidade e o místico tem uma experiência que está enraizada na não dualidade. Você está na terra, ele está no céu. A distância é infinita, mas tem que ser superada. E você não pode cruzá-la, só um buda pode. Você não sabe nada sobre o céu, você não sabe nada sobre essa experiência indescritível, essa experiência inefável. Mas ele conhece ambos. Ele conhece a sua escuridão, porque ele mesmo viveu nessa escuridão. Ele conhece o seu sofrimento, porque ele passou por isso e conhece agora o êxtase da realização suprema. Agora ele sabe o que é divindade. Só ele sabe cruzar a ponte, só ele consegue criar algumas ligações entre você e ele.

A linguagem é o elo mais importante entre a humanidade e o Buda. Na verdade, a linguagem é a característica mais distintiva dos seres humanos; nenhum outro animal usa a linguagem. O homem é homem por causa da linguagem. Assim, ela não pode ser evitada, tem de ser usada, mas tem de ser utilizada de modo que você seja sempre lembrado de que é preciso descartá-la, e quanto mais cedo melhor.

Descarte a dúvida e a confiança, a crença e a descrença, o ceticismo e a fé – descarte as duas coisas! E então veja algo novo surgindo em você que não é a confiança no mesmo sentido de antes – porque não tem nenhuma dúvida dentro dela. É confiança num sentido totalmente novo, com uma textura totalmente nova. É disso que estou falando, isso é que eu chamo de confiança: uma confiança que está além da dúvida e da confiança, além de ambas, de tudo o que você conheceu até agora.

Há uma luz que não é nem a sua escuridão nem a sua luz, e existe uma consciência que não é nem o seu consciente nem o seu inconsciente. O que Sigmund Freud e Carl Gustav Jung denominaram consciente, inconsciente, são partes da sua mente. Quando Buda fala sobre a consciência, ele não está falando no mesmo sentido que Freud e Jung – sua consciência é a consciência de testemunha, que testemunha a consciência de Freud e a inconsciência de Freud.

Aprenda a se tornar mais uma testemunha, a ficar mais vigilante. Deixe que cada ato, cada pensamento, seja visto. Não se identifique com ele; permaneça distante, indiferente, longe, um observador nas colinas. Então um dia uma felicidade infinita se derramará sobre você.

Não é prejudicial para o indivíduo e também para a sociedade viver sem a barreira das normas?
Se for, então por que você prega que as pessoas vivam como querem? A mente sempre segue o caminho errado se não for restringida.

E QUEM VAI RESTRINGIR A MENTE? A mente da sociedade? Quem é que vai restringir a mente? A mente das pessoas mortas, dos moralistas mortos, dos sacerdotes mortos? Quem é que vai restringir a mente? Você? Quem é você, exceto a mente?

A primeira coisa a ser entendida: até agora a humanidade tem vivido sob uma maldição, e essa maldição é que nunca nos deixaram confiar na nossa natureza. Sempre nos disseram, "Confie na sua natureza e você vai se dar mal". Desconfie, restrinja, controle – não aja de acordo com os seus sentimentos. Disseram-nos que a natureza humana é, de alguma forma, intrinsicamente má.

Isso é estupidez, é uma tolice, é venenoso. A natureza humana não é má. A natureza humana é divina. E se o mal surgiu, ele surgiu por causa das restrições. Agora deixe-me explicar isso a você.

Você nunca vê os animais indo para a guerra. Claro que existem lutas às vezes, mas são lutas individuais, não guerras mundiais, com todos os corvos do Oriente lutando contra todos os corvos do Ocidente, ou todos os cães da Índia lutando contra todos os cães do Paquistão. Nem os cães são tão tolos, nem os corvos! Sim, às vezes eles lutam, e não há nada de errado nisso. Se a liberdade deles é violada, eles lutam, mas a luta é individual. Não é uma guerra mundial.

Agora, o que vocês fizeram? Vocês reprimiram a humanidade e não deixaram que os indivíduos ficassem com raiva às vezes. O que é natural. O resultado final é que todo mundo vive acumulando raiva, continua reprimindo a raiva – então um dia todo mundo fica tão cheio de veneno que explode uma guerra mundial. De dez em dez anos uma guerra mundial é necessária. E quem é responsável por essas guerras? Seus chamados santos e moralistas, os benfeitores, as pessoas que nunca lhes permitiram ser naturais.

Você já viu um cão matando outro? Sim, eles lutam, às vezes – mas apenas lutam. Nunca um cão matou outro cão, a menos que tenha sido treinado por um homem para fazer isso. O ser humano é o único animal que mata outro ser humano. Nenhum corvo mata outros corvos, nenhum leão mata outros leões. O homem é a única espécie de animal que rotineiramente mata sua própria espécie. O que aconteceu com o ser humano? Ele decaiu mais do que os animais?

Então, quem é o responsável? Uma coisa não existe entre os animais: eles não têm santos, moralistas; sacerdotes, cristãos e hindus e maometanos e jainistas, eles não têm. Eles não têm templos, mesquitas, Bíblias e Vedas, é só isso! Essa é a única diferença.

Ainda existem algumas sociedades primitivas nas quais, em séculos, o homicídio nunca aconteceu, porque ninguém envenenou suas mentes com a moralidade, ninguém os treinou para serem morais. Eles são pessoas naturais. Quando é natural, você vive em harmonia. Às vezes você fica com raiva, mas isso é natural – e é momentâneo.

Uma pessoa que nunca fica com raiva e vive controlando a sua raiva é muito perigosa. Cuidado com ela, ela pode matá-lo! Se o seu marido nunca fica com raiva, denuncie-o à polícia. Um marido que às vezes fica irritado é apenas um ser humano normal, não há por que temer isso. Um marido que nunca fica irritado um dia de repente salta sobre você e aperta o seu pescoço, e ele fará isso como se estivesse possuído. Assassinos vivem dizendo nos tribunais ao longo dos séculos, "Nós cometemos o crime, mas estávamos possuídos". Quem os possuía? Seu próprio inconsciente – o inconsciente reprimido – explodiu.

Você já observou um simples fato? Se você pegar uma imagem de uma linda cadela e mostrar para um cão, ele não fica interessado. Os cães não são playboys. Não que eles não adorem as cadelas, eles amam as cadelas, mas não vão ficar interessados na imagem, na pornografia, porque para criar pornografia você precisa de santos. Primeiro reprima o instinto sexual, o instinto natural, e diga às pessoas que ele é errado e ruim. Quando eles reprimem seu instinto sexual, o instinto encontra uma válvula de escape. Agora é difícil ver uma bela mulher passando na rua. Então o que fazer? Trancar-se no quarto e folhear a *Playboy*. Isso é mais seguro, ninguém vai saber. Você pode esconder a sua revista na Bíblia e pode fingir que está lendo a Bíblia.

Só o ser humano é pornográfico. Nenhum outro animal é pornográfico. Esses são simples fatos.

Quem tornou o ser humano pornográfico? Os povos primitivos não estão interessados em pornografia – ainda não. As mulheres ficam nuas e andam nuas, sem nenhum medo. E que tipo de "civilização" é essa em que você diz que está vivendo? Uma mulher não pode passar na rua sem receber um beliscão no traseiro, sem ser tratada como um objeto. Uma mulher não pode andar sozinha à noite – e isso é civilização? E as pessoas estão simplesmente obcecadas por sexo 24 horas por dia.

Quem criou essa obsessão em você? Os animais são sexuais, mas não obcecados; eles são naturais. Quando o sexo torna-se uma obsessão, ele assume formas pervertidas; e as formas pervertidas estão enraizadas nos moralizadores e nos seus ensinamentos.

As chamadas pessoas religiosas nunca confiaram na natureza humana. Elas falam sobre a confiança, mas nunca confiaram na existência. Elas confiam nas regras, nas leis; nunca confiaram no amor. Elas falam sobre Deus, mas a conversa é apenas papo-furado. Confiam na polícia, nos tribunais. Confiam no fogo do inferno. Confiam em incutir medo e em incutir ganância. Se você é santo e bom e moral, você terá o céu e todos os prazeres do paraíso, *Firdaus*. Ou, se você não é moral, então você vai sofrer no fogo do inferno – e eternamente, lembre-se, para sempre.

Esses são o medo e a ganância. Eles vêm manipulando a mente humana através do medo e da ganância. E querem que você fique livre do medo e da ganância – e todo ensinamento deles está enraizado nessas duas coisas. Eles não têm confiança.

Eu confio em você e confio na sua natureza. Eu confio na natureza animal. Se a natureza puder seguir seu curso, sim, haverá um pouco de raiva às vezes, e haverá uma ligeira ira também, mas não há nada de errado nisso. É humano e é bonito. Mas não haverá guerra.

Os psicólogos dizem que todas as armas são fálicas. Como você não pode penetrar o corpo de uma mulher, você penetra o corpo de alguém com uma espada. A espada é um símbolo fálico. É bonito amar uma mulher, mas penetrar o corpo de alguém com uma espada é feio. Mas é assim que as coisas têm sido.

Você me pergunta: "Não é prejudicial para um indivíduo e também para a sociedade viver sem a barreira das normas?" Você viveu com barreiras e normas. O que aconteceu? Olhe o estado da humanidade hoje: é um mundo neurótico, um grande hospício. Isso é o que tem acontecido por causa das normas, do idealismo, do perfeccionismo, da moralidade; isso aconteceu por causa de todos os seus mandamentos. Toda a Terra se transformou num mundo neurótico, num enorme manicômio. E você ainda tem medo, e mesmo assim continua igual. Isso é um círculo vicioso.

É como se você fizesse uma pessoa jejuar e, quando ela jejua, é claro que fica com fome, e ela começa a olhar obsessivamente para a comida. Então, achando e vendo que ela ficou obcecada por comida, você a prende com correntes, porque senão ela vai invadir a cozinha de alguém. Agora você a acorrenta porque diz que, se ela não for acorrentada, torna-se perigosa – pode invadir a cozinha de alguém, por isso ela não é confiável. Então você a aprisiona e continua forçando-a a fazer jejum. E aí você fica cada vez com mais medo, porque ela está ficando louca. Esse é um círculo vicioso. Em primeiro lugar, por que ela ficou tão obcecada por comida? A sua atitude de discipliná-la com tanto jejum criou essa doença. O jejum não é natural.

Sim, às vezes acontece com os animais, mas eles não acreditam no jejum, eles não têm uma filosofia sobre o jejum. Às vezes acontece. Um dia o cão fica doente e não come. Isso é natural. Ele só não come porque não sente vontade de comer. Ele age de acordo com o que sente, não é uma regra. Ninguém o ensinou a jejuar. Na verdade, ele vai jejuar, comer grama e vomitar; a grama age e o ajuda a vomitar.

Ele vai vomitar. Ninguém o ensinou. E ele não vai comer a menos que o desejo de comer surja outra vez. Ele age de acordo com a natureza. Quando sentir que quer comer, ele come; quando não sentir vontade de comer, não come. Isso é o que eu chamaria de vida real.

Às vezes, se você não sentir vontade de comer, não coma. Eu não sou contra o jejum. Sou contra a filosofia do jejum. Não invente a regra de que todos os domingos você tem que jejuar. Isso é tolice, porque como você pode decidir que todos os domingos você não vai sentir vontade de comer? Às vezes pode ser sexta-feira e você não sentir vontade de comer. Então o que vai fazer? Vai se forçar a comer porque é sexta-feira? Quando você sentir vontade de comer, coma. Quando não sentir vontade de comer, não coma. Aja de acordo com o que sente, e aos poucos você estará em sintonia com a sua natureza.

Para mim, estar em sintonia com a natureza é ser religioso. Minha definição de religião é estar em sintonia com a natureza. E esse é o significado da palavra indiana *dharma*; significa natureza, a natureza intrínseca. Confie na natureza e não a viole.

Mas você foi ensinado a violá-la, então, quando as pessoas que viveram vidas famintas vêm aqui, a este lugar – que é um fenômeno totalmente diferente, elas nunca viram um lugar igual, nenhum *ashram* como este jamais existiu –, ficam muito surpresas. Elas vêm aqui para ver pessoas tristes, mortas – arrastando-se por aí de alguma forma, cantando mantras, lendo livros – e quando veem pessoas dançando, homens e mulheres dançando juntos, de mãos dadas; as pessoas se abraçando, pessoas tão cheias de amor e alegria, elas dizem: "Que tipo de religião é essa? A religião tem de ser um cemitério, não pode ser vida. A religião tem de ser negativa. Homens e mulheres de mãos dadas? Isso é perigoso. Não podemos confiar nos homens, não podemos confiar nas mulheres. Isso é perigoso, é brincar com fogo. Crie restrições, faça grandes Muralhas da China!"

Não, eu confio na natureza. Eu não confio nas leis do homem. Suas leis têm corrompido toda a humanidade. Já basta! Chegou a hora. Agora todas as antigas religiões podres têm de ser queimadas e um conceito totalmente novo de religião tem de surgir – uma religião a favor da vida, uma religião de amor e não de leis, uma religião da natureza e não da disciplina, uma religião de totalidade e não de perfeição, uma religião de sentimento e não de pensamento. O coração deve se tornar o mestre, e depois as coisas se encaixam por conta própria.

Se conseguir confiar na natureza, pouco a pouco você se torna mais quieto, silencioso, feliz, alegre, festivo – porque a natureza é festiva. A natureza é uma festa. Olhe ao redor. Você consegue ver alguma flor que se pareça com os seus santos? Você consegue ver algum arco-íris que se pareça com os seus santos – ou alguma nuvem, ou algum pássaro cantando, ou a luz refletindo no rio, ou as estrelas? O mundo está em festa. O mundo não é triste. O mundo é uma canção, uma canção totalmente bela, e a dança continua. Venha fazer parte dessa dança e confie na sua natureza.

Se você confiar em sua natureza, pouco a pouco vai se aproximar da natureza cósmica. Essa é a única maneira. Você faz parte do cósmico. Quando confia em si mesmo, você confia no cósmico em você – é por aí o caminho. Seguindo esse pequeno fio, você pode chegar à própria meta. Confie em si mesmo, você confiou na existência que criou você. Não confiando em si mesmo, você desconfia da existência que o criou.

Quem lhe deu o sexo? É claro que a existência lhe deu o sexo. E quem lhe ensinou o *brahmacharya* e o celibato? Os seus chamados santos. Seus santos são contra a existência. Quem lhe deu a fome? A existência. E quem lhe ensinou o jejum? Seus santos.

Eu sou a favor da vida e sou contra os seus santos, porque os seus santos são contra a existência. Eu o ensino a ser selvagem, a ser espontâneo. E eu não ensino a repressão, a limitação. Eu ensino a liberdade. Se você se restringir demais e se reprimir demais, morrerá antes da sua morte e terá uma vida totalmente sem graça.

Deixe-me contar uma bela história:

Ela é sobre um velho e sábio rabino, no coração da Rússia, cujos conselhos eram seguidos ao pé da letra pelos membros da sua sinagoga. Certa manhã, ele foi interpelado por um fiel que, transtornado, explicou, "Investi todas as minhas economias em duzentos frangos. Quando saí para ver o galinheiro esta manhã, uma centena deles tinha morrido. O que devo fazer?".

"É a voz do Senhor", disse o rabino. "Faça uma oração. Em seguida, dobre o preço de venda dos frangos que restaram e você não terá perdido um níquel."

Mas na manhã seguinte o aldeão estava de volta para relatar, "Outros cinquenta frangos morreram à noite".

"Os caminhos do Senhor são, às vezes, misteriosos", disse o rabino. "Os cinquenta frangos que sobreviveram são, obviamente, os melhores e os mais valiosos da sua granja. Faça outra oração de graças e mais uma vez dobre o preço de venda e você não terá perdido um níquel."

Que situação! Na manhã seguinte, os últimos cinquenta frangos tinham espichado as canelas. "Agora, o que eu devo fazer?", lamentou o homem.

"Meu filho", disse o rabino, "eu tenho muitos outros conselhos valiosos que poderia lhe dar, mas que proveito tiraria deles? Você não tem mais frangos!"

Quando eu olho para as chamadas pessoas religiosas, vejo que elas não têm mais vida. Nenhum conselho pode ter serventia para elas. Estão mortas. Deveriam na verdade estar na sepultura. Estão andando por aí ilegalmente. São fantasmas; estão vivendo uma existência póstuma. Cometeram suicídio e ainda estão de pé e em movimento. Eu sinto muito por elas, mas essas pessoas estão em perigo também, porque vão continuar fazendo aos outros o que fizeram com elas. Vão ensinar as mesmas tolices a outras pessoas. Vão continuar incapacitando as crianças pequenas, paralisando novas fontes de vida, envenenando novos poços. É o que podem fazer. Isso é tudo que sabem. Elas têm sido incapazes de viver; e tornam outros incapazes de viver.

Observe. Nunca se deixe cair na armadilha de um homem que está morto. É melhor ser irreligioso. É melhor não crer em Deus e não ir à igreja e à mesquita e ao templo, mas estar vivo – porque a vida é a verdadeira igreja de Deus. Esqueça tudo sobre Deus e nada estará perdido, mas comece a destruir a vida e tudo estará perdido – porque a vida é Deus.

Eu ensino a você sobre a vida, o amor, porque é assim que eu vejo Deus, e essas amarras que foram criadas pela religião são apenas uma ideia que você faz dele. Se tomar consciência, pode deixá-la na mesma hora, instantaneamente.

A anfitriã de uma festa de aniversário infantil perguntou a uma das garotinhas convidadas: "Por que o seu irmão mais novo é tão tímido? Ele não saiu daquele canto a tarde toda".

"Ele não é tímido coisa nenhuma", respondeu a menina. "Nunca usou gravata antes e acha que está amarrado a alguma coisa".*

Todas as suas religiões são apenas gravatas. Você não está amarrado a nada; é apenas a sua ideia de que está amarrado. Largue toda disciplina e todas as amarras, e comece a se mexer. E deixe Deus viver através de você; deixe Deus viver através de você em liberdade. Confie na liberdade e confie em Deus, e você nunca vai ser um perdedor.

Não estou dizendo que sua vida será um mar de rosas. Não, haverá espinhos, mas eles também são bons. E eu não estou dizendo que sua vida será sempre doce. Muitas vezes ela vai ser muito, muito amarga. Mas é assim que a vida avança, através da dialética.

Eu não estou dizendo que você será sempre bom; às vezes você vai ser muito ruim. Mas uma coisa é certa: quando você for ruim, será ruim de verdade; quando for bom, você vai ser bom de verdade. Pode-se confiar, pode-se confiar em você. Quando você estiver com raiva, pode-se contar que a sua raiva não será falsa, não será fria; será viva e ardente. E quando você amar, pode-se confiar que esse amor será vivo e ardente.

Lembre-se, uma pessoa que não consegue ficar com raiva não pode ser amorosa; as rosas crescem apenas com os espinhos. Se você não puder ferver de raiva em algum momento, não poderá ser ardente no amor. Como você não pode ser ardente, como não

---

* Aqui há um jogo de palavras com *tie*, que em inglês significa tanto "gravata" quanto o verbo "amarrar". (N.T.)

pode ser cálido, você fica congelado. E se tiver raiva reprimida demais, você estará sempre com medo de se render ao amor, porque quem sabe? Um rapaz veio até mim e disse que não conseguia ter um orgasmo profundo enquanto fazia amor – um jovem perfeitamente saudável. O que havia de errado com ele? Ele não conseguia ter um orgasmo, ou no máximo o orgasmo era apenas local, não se espalhava por todo seu corpo e um orgasmo local não tem muito sentido. Quando o orgasmo é total, cada fibra de seu ser pulsa com uma nova vida, você fica revigorado, rejuvenescido. Por um momento você se torna parte da existência, parte da enorme criatividade que o rodeia. Você perde o controle, não é mais um ego, você se dissolve. Não tem mais fronteiras.

Eu perguntei sobre a raiva dele. Ele disse: "Mas por que você está me perguntando sobre a raiva? Porque a minha pergunta é sobre o amor, eu não consigo amar profundamente".

Eu disse: "Esqueça o amor, primeiro temos que pensar na raiva. Porque, se você não consegue amar profundamente, isso significa que não consegue se enfurecer profundamente".

Ele ficou surpreso, mas é assim que as coisas são. Desde a infância, ele tinha sido criado numa família muito religiosa, e sempre lhe disseram para não ficar com raiva, para controlar sua raiva. Ele aprendeu a controlar. Tornou-se tão eficiente nisso que nem sabe que se controla. Ele na verdade se tornou um controlador. Agora o controle é inconsciente. Ele é uma pessoa muito controlada. Todo mundo o respeita; vai ter sucesso em todos os lugares na sociedade. Ele é um sucesso, mas em sua vida interior é um fracasso; não consegue sequer amar.

Eu disse a ele, "Comece ficando com raiva, porque no meu entendimento, quando você está chegando ao ápice do orgasmo, não consegue se soltar. Porque, se fizer isso, tem medo de que talvez a raiva, a raiva reprimida, também possa vir à tona".

Ele disse: "O que está dizendo? Eu sempre sonho que matei minha mulher! Sonho que eu a mato, sufoco-a ao fazer amor com ela. E eu tenho medo de que, se perder o controle, não vou ser capaz de resistir à tentação de sufocá-la e matá-la".

Agora a raiva tornou-se uma grande força dentro dele. Ele tem tanto medo de perder o controle... como pode amar? É impossível! E se você perde o amor, vai perder a devoção pela vida e vai perder a divindade também.

Esta sociedade repressiva, esta civilização repressiva, falhou totalmente. No entanto, você não está consciente disso.

Eu ouvi uma bela história:

Nos dias em que Khrushchev – e por algum motivo sentimos falta dele – era o líder da União Soviética, ele muitas vezes admitiu que Stalin às vezes o tratava como um bobo da corte ou um palhaço, e lhe ordenava, "Dance o *gopak*!".

"E eu...", Khrushchev acrescentava: "Eu dançava".

Alguém na multidão sempre clamava: "Por que você deixava que ele o fizesse de bobo?"

E Khrushchev perguntava com toda severidade, "Quem fez essa pergunta? Levante-se!"

Nunca ninguém se atrevia a responder e, depois de uma pausa, Khrushchev concluía: "Esse, camaradas, é o motivo por que eu dançava".

Apenas por medo: Stalin pode matar, Stalin é a morte. E seus sacerdotes têm sido a morte. Representantes da morte não são representantes de Deus.

Eu represento a vida. Os seus sacerdotes têm conspirado com a morte e têm incapacitado a vida. Os seus sacerdotes falam de Deus, mas parecem mais parceiros do diabo. Uma grande conspiração! E eles destruíram toda a mente humana. Extirparam de você a parte em que ficam seus sentimentos; fizeram você ficar preso à cabeça. Agora você não sabe como se sente; é por isso que não pode confiar nos seus sentimentos e sempre tem que procurar alguém para que lhe digam o que fazer.

Na infância, os pais vivem dizendo: "Faça isso" e "Não faça aquilo". Depois, na escola, você tem um professor; na universidade, um mestre; na sociedade, um chefe, um político, um líder. Em todos os lugares lhe dizem o que fazer e o que não fazer. E você está sempre em busca de alguém para dominá-lo, de modo que possa se tornar dependente – porque você não sabe como seguir os mandamentos do seu próprio coração, do seu próprio ser. Você sempre depende de alguma autoridade externa. Isso é feio, isso é desprezível, isso não deveria ser assim.

Eu não sou uma autoridade aqui; no máximo, uma parteira, mas não uma autoridade. Eu posso ajudá-lo a renascer, mas não posso dominar você, não posso ditar coisas para você fazer. Você anseia por isso, pessoas vêm a mim e dizem, "Osho, diga-nos exatamente o que temos de fazer". Mas por que você não pode ouvir o seu próprio coração? Você tem vida borbulhando dentro de si. A nascente está aí, a fonte está aí.

Mergulhe dentro de si. Posso dizer como entrar, posso ensinar os dispositivos para você entrar, mas tire os seus mandamentos de dentro do seu ser. Há uma Bíblia dentro de você – o livro real, o Veda, o verdadeiro conhecimento. Consiga as instruções aí.

Eu preciso muito confiar. Quero principalmente ser capaz de confiar em você, e sofro porque não consigo.

AS PESSOAS QUE CONFIAM EM SI MESMAS conseguem confiar nos outros. Aquelas que não confiam em si mesmas não conseguem confiar em ninguém. É da autoconfiança que surge a confiança. Se você desconfia de si mesmo, então não pode confiar em mim; não pode confiar em ninguém. Se não confia em si mesmo, como pode confiar na sua confiança? Ela vai ser a sua confiança. Talvez você confie em mim, mas é a sua confiança: você confia em mim e não confia em si mesmo. Portanto, não tem a ver comigo, é uma questão profunda com relação a você mesmo.

Quem *são* essas pessoas que não conseguem confiar em si mesmas? Algo deu errado em algum lugar. Primeiro, são pessoas que não têm uma boa autoimagem; elas próprias se condenam. Sempre se sentem culpadas e sempre se sentem muito mal. Estão sempre na defensiva e sempre tentando provar que não estão erradas, mas sentem lá no fundo que estão erradas. Essas são as pessoas que, de alguma forma, não cresceram num ambiente amoroso.

Os psicólogos dizem que a pessoa que não pode confiar em si mesma tende a ter algum problema profundamente enraizado com a mãe. A relação mãe e filho em algum lugar não aconteceu como deveria. Porque a mãe é a primeira pessoa na experiência da criança; se a mãe confia na criança, se a mãe ama a criança, a criança começa a amar a mãe e confiar na mãe. Através da mãe a criança se torna consciente do mundo. A mãe é a janela através da qual ela entra na existência.

Aos poucos, se existe uma bela relação entre a criança e a mãe, uma resposta, uma profunda sensibilidade, uma transferência profunda de energias, um florescimento... então a criança começa a confiar nos outros também. Porque ela sabe que a primeira experiência foi bonita, não há nenhuma razão para pensar que a segunda não vai ser bonita. Há todas as razões para ela acreditar que o mundo é bom.

Se na sua infância havia um ambiente profundo de amor em torno de você, você vai se tornar religioso, a confiança vai surgir. Você vai confiar, a confiança vai se tornar a qualidade natural. Normalmente, você não vai desconfiar de ninguém, a menos que alguém se esforce para criar desconfiança em você; só então você vai desconfiar. Mas a desconfiança será excepcional. Um homem engana você e se esforça para destruir a sua confiança. Talvez a confiança que você tem nesse homem seja destruída, mas você não vai começar a desconfiar de toda a humanidade. Você vai dizer: "Ele é apenas um homem e existem milhões de outros homens. Por que desconfiar de todos os homens apenas por causa de um?"

Mas se falta a confiança básica e algo deu errado entre você e a sua mãe, então a desconfiança se torna a sua qualidade básica. Nesse caso, normal e naturalmente, você vai desconfiar. Não há necessidade de ninguém provar nada. Você desconfia do ser humano e, por isso, se uma pessoa quiser que você confie nela, vai ter que se esforçar muito. E, mesmo assim, você vai confiar nela sob certas condições. E mesmo assim, a confiança não será muito abrangente. Será bastante restrita; vai ser voltada para aquela pessoa apenas. Esse é o problema.

Antigamente as pessoas eram muito mais confiantes. *Shraddha*, confiança, era uma qualidade simples. Não havia necessidade de cultivá-la. Na verdade, se alguém quisesse se tornar um grande cético, duvidar, então um grande treinamento seria necessário, um grande condicionamento seria necessário. As pessoas eram simplesmente de confiança porque os relacionamentos de amor eram muito, muito profundos. No mundo moderno, o amor desapareceu e a confiança não é nada a não ser o clímax do amor, o ápice do amor. O amor em si desapareceu. As crianças nascem em famílias nas quais o pai e a mãe não se amam. As crianças nascem; a mãe não se importa, não se preocupa com o que acontece a elas. Na verdade, ela está irritada porque os filhos são uma amolação e estão atrapalhando a vida dela. Mulheres estão evitando filhos e, se a gravidez acontece, é considerada um acidente. E há uma atitude negativa profunda. A criança recebe essa atitude negativa; ela é envenenada desde o início. Não consegue confiar na mãe.

A filosofia não nasce do nada. A filosofia vem da nossa própria existência, da nossa experiência de vida. Se a criança ama profundamente a mãe e a mãe derrama sobre ela o seu amor, esse é o início de toda a confiança no futuro. O filho vai travar relacionamentos mais amorosos com as mulheres, vai travar relacionamentos mais amorosos com os amigos, um dia será capaz de render-se a um mestre e, por fim, será capaz de se dissolver completamente em Deus. Mas, se a relação básica estiver faltando, estará faltando o alicerce. Por isso você se esforça muito, mas fica cada vez mais difícil. Isso é o que eu sinto sobre a pessoa que me fez a pergunta.

"Eu preciso tanto confiar"... sim, porque confiança é alimento. Sem confiança você fica com fome, você fica faminto. A confiança é o alimento mais sutil da vida. Se não confia em você, na verdade não consegue viver. Está sempre com medo; está cercado pela morte, não pela vida. Com uma profunda confiança interior, toda visão muda. Então você está em casa e não existe conflito. Você não é um estranho no mundo. Você não é um forasteiro, não é um estrangeiro. Você pertence ao mundo e o mundo pertence a você. O mundo está feliz que você exista, o mundo está protegendo você. Esse sentimento de profunda proteção lhe dá coragem, e coragem para seguir caminhos desconhecidos.

Quando a mãe está em casa, a criança tem coragem. Você já observou isso? Ela pode ir para a rua, pode ir ao jardim e pode fazer mil coisas. Quando a mãe não está, ela simplesmente se senta dentro de casa, fica com medo. Ela não pode sair; a proteção não existe, a aura protetora não está presente. A atmosfera é totalmente estranha.

Se você viveu uma infância transbordante de amor profundo e confiança em si, você desenvolveu uma bela autoimagem. E se seus pais de fato se amavam e ficaram muito felizes com a sua chegada, porque foi a coroação do amor que sentiam um pelo outro, o ápice do seu amor, a realização do seu amor; se eles se amavam profundamente, então você é a música que nasceu do amor entre eles. Você é a prova, a evidência de que se amavam. Você é criação deles; eles se sentem felizes com você, eles o aceitam e aceitam o jeito como você é. Mesmo que tentem ajudá-lo, eles tentam ajudá-lo de uma forma muito carinhosa. Mesmo que digam às vezes, "Não faça isso", você não se sente ofendido nem se sente insultado. Na verdade, você sente que eles se preocupam com você.

Mas quando falta amor e o pai e a mãe vivem dizendo, "Não faça isso" e "Faça isso", pouco a pouco a criança começa a aprender que "eu não sou aceito como sou. Se eu fizer certas coisas, eu sou amado. Se não fizer certas coisas, não sou amado. Se eu fizer algumas outras coisas, sou rejeitado".

Então a criança começa a se encolher. Seu ser puro não é aceito e amado. O amor é condicional; a confiança é perdida. Ela nunca será capaz de ter uma autoimagem bonita. Porque são os olhos da mãe que refletem você pela primeira vez e, se você puder ver a felicidade ali, uma felicidade, uma emoção, um grande êxtase, apenas observando você, você sabe que é valioso, sabe que tem um valor intrínseco. Então é muito fácil confiar, muito fácil se render, porque você não tem medo. Mas, se você sabe que está errado, então está sempre tentando provar que está certo.

As pessoas se tornam argumentativas. Todas as pessoas argumentativas são, basicamente, pessoas que não têm uma boa imagem de si mesmas. Elas são muito defensivas, muito melindrosas. Se a pessoa for argumentativa e você disser, "Esta coisa, você fez errado", ela no mesmo instante salta sobre você, fica muito irritada. Ela não consegue sequer suportar uma pequena crítica amigável. Mas se tem uma boa imagem de si mesma, estará pronta para ouvir, estará pronta para aprender, estará pronta para respeitar as opiniões dos outros. Talvez tenham razão e, até mesmo se estiverem certos e ela errada, ela não ficará preocupada, porque não tem importância. Aos seus próprios olhos, ela continua sendo boa.

As pessoas são melindrosas. Não querem ouvir críticas, não querem que ninguém lhes diga para fazer isso ou aquilo; não querem alguém para lhes dizer para não fazer isso ou aquilo. E essas pessoas acham que não podem se render porque são muito poderosas. Mas são simplesmente doentes, neuróticas. Só um homem ou uma mulher poderosa pode se render – os fracos, nunca. Porque ao se render acham que o mundo inteiro os achará fracos.

Essas pessoas sabem que são fracas, conhecem o seu complexo de inferioridade, de modo que não podem se curvar. É difícil para elas, porque se curvando estarão aceitando que são inferiores. Apenas uma pessoa superior pode se curvar; pessoas inferiores nunca podem se curvar. Elas não conseguem respeitar ninguém, porque não respeitam a si mesmas. Não sabem o que é respeito, estão sempre com medo da rendição, porque rendição significa fraqueza para elas.

Então, se você sentir que é difícil confiar, então você tem que voltar. Você tem que escavar profundamente as suas memórias. Tem que entrar no seu passado. Tem que limpar sua mente das impressões passadas. Deve ter uma montanha de lixo no seu passado; desenterre-o. Essa é a chave para fazer isso: conseguir voltar não apenas como memória, mas revivendo tudo.

Faça disso uma meditação. Todos os dias, à noite, durante uma hora, apenas volte ao passado. Tente descobrir tudo o que aconteceu em sua infância. Quanto mais fundo você puder ir, melhor, porque estamos escondendo muitas coisas que aconteceram, mas não permitimos que elas borbulhem na consciência. Deixe que venham à superfície. Fazendo isso todos os dias, você vai sentir que mergulha cada vez mais fundo. Primeiro você vai se lembrar de algum momento quando tinha a idade de 4 ou 5 anos, e não será capaz de ir além disso. De repente, uma Muralha da China surgirá na sua frente. Mas continue. Aos poucos você vai ver que mergulhará mais fundo: 3 anos, 2 anos. Há quem tenha chegado ao momento em que nasceu do ventre da mãe. Houve quem chegasse nas memórias do útero ou que foi além disso, para outra vida, ao momento em que morreram.

Mas se você conseguir chegar ao ponto em que nasceu e reviver esse momento, será de profunda agonia, de dor. Você quase se sentirá como se estivesse nascendo de novo. Você pode chorar como a criança chora pela primeira vez. Você vai se sentir sufocado como a criança se sentiu sufocada quando pela primeira vez saiu do útero, porque por alguns segundos não conseguiu respirar. Houve um grande sufocamento, então ela gritou e o ar entrou e suas passagens foram desbloqueadas, seus pulmões começaram a funcionar. Talvez você tenha que ir até esse ponto.

De lá você volta. Vá outra vez e volte, todas as noites. Vai demorar pelo menos de três a nove meses, e cada dia você vai se sentir mais aliviado, cada vez mais, e a confiança surgirá simultaneamente, por tabela. Depois que o passado estiver claro e você já tiver visto tudo o que aconteceu, ficará livre disso. Esta é a chave: quando você se torna consciente de qualquer coisa em sua memória, você se livra disso. A consciência liberta, a inconsciência cria um cativeiro. Então, a confiança se tornará possível.

Os psicólogos se depararam com isto: que amor é alimento. Apenas vinte anos atrás, se alguém tivesse dito que o amor era uma vitalidade sutil, então os cientistas teriam rido. Teriam pensado: "Você é um poeta, vive uma ilusão, sonhando. Amor é alimento? Que bobagem!". Mas agora pesquisadores científicos dizem, "Amor é alimento". Quando uma criança recebe um alimento, isso nutre seu corpo; e se o amor não for dado, então a sua alma não é nutrida. Sua alma permanece imatura. Agora, existem maneiras de mensurar se uma criança está sendo amada ou não, se o calor que ela precisa está sendo dado a ela ou não. Você pode dar a uma criança todos os nutrientes de que precisa, todos os cuidados médicos de que precisa, num hospital. Basta tirar a mãe; dar leite a ela, remédios, cuidados, tudo, mas não abraçá-la, não beijá-la, não tocá-la.

Muitas experiências já foram feitas. A criança, aos poucos, começa a se recolher dentro de si. Fica doente e, na maioria dos casos, morre, por nenhuma causa visível. Ou, se sobrevive, passa a viver no mínimo: ela se torna um imbecil, um idiota. Vai viver, mas vai viver à margem. Nunca viverá com profundidade; não tem energia. Abraçar a criança, dar o calor do seu corpo a ela é alimento, é um alimento muito sutil. Agora isso está sendo aos poucos reconhecido.

Deixe-me fazer uma previsão: daqui a vinte ou trinta anos, os psicólogos vão revelar que a confiança é ainda um alimento superior, de uma potência ainda maior – maior do que o amor... Como a oração. Confiança é devoção, mas é muito sutil. Você pode sentir isso. Se tem confiança, de repente você vai ver que, comigo, você vai viver uma grande aventura, e sua vida começa imediatamente a mudar. Se não tem confiança, você vai ficar parado. Eu continuo a falar, eu continuo puxando você e você fica estancado – de alguma forma você não me alcança. Deixe a confiança surgir. Essa confiança será uma ponte entre mim e você. Então as palavras comuns tornam-se luminosas, então só a minha presença pode se tornar um útero e você pode renascer.

Pessoas que confiam porque têm medo, porque querem alguém em quem se pendurar, a quem se agarrar, têm medo e querem segurar a mão de alguém, elas olham para o céu e oram a Deus só para se sentirem destemidas. Você já reparou? Às vezes, passando numa rua escura à noite, você começa a assobiar ou começa a cantar; não que isso vá adiantar. Mas acaba ajudando de certa forma. Cantando, você se aquece. Cantando, você fica ocupado, o medo é reprimido. Assobiando, você começa a se sentir melhor. Você esquece que está escuro e que é o lugar perigoso, mas não faz nenhuma mudança real, na verdade. Se havia medo e perigo, ainda há. Na verdade, há ainda mais, porque a pessoa que está distraída, cantando, pode ser roubada com mais facilidade porque está menos alerta. Ela será menos cautelosa ao assobiar. Ela está criando uma ilusão ao seu redor assobiando. Se a sua confiança surge do medo, é melhor não ter essa confiança. Ela é falsa. Ouvi dizer...

Mulá Nasrudin sentou-se na cadeira do barbeiro e perguntou: "Onde está o barbeiro que trabalhava na cadeira ao lado?"

"Ah, é um caso triste", disse o barbeiro. "Ele ficou tão nervoso e desanimado com os negócios, que um dia, quando um cliente disse que não queria uma massagem, ele perdeu a cabeça e lhe cortou a garganta com uma navalha. Ele está agora no hospital psiquiátrico estadual. A propósito, gostaria de uma massagem, senhor?"

"Mas sem dúvida!", exclamou Mulá Nasrudin.

Por medo você pode dizer "mas sem dúvida!". Mas isso não será confiança. A confiança nasce do amor e, se você descobrir que não consegue confiar, então tem que se esforçar muito. Você tem um passado muito carregado, carregado do jeito errado. Você tem que limpá-lo, purificá-lo.

O que significa a frase "a existência cuida"?

Nós FAZEMOS PARTE DA EXISTÊNCIA, não estamos separados. Nem se quisermos ficar separados, não conseguimos. Nossa vida é ficar junto da existência. E quanto mais junto da existência, mais vivo você está. É por isso que eu insisto sempre em viver na totalidade, em viver intensamente, pois quanto mais profunda a sua vida é, mais você está em contato com a existência. Você nasceu dela; a cada momento você está sendo renovado, rejuvenescido, ressuscitado, cada vez que respira, cada vez que o seu coração bate – a existência está cuidando de você.

Mas não estamos conscientes do nosso próprio ser, não estamos conscientes da nossa própria respiração. Gautama, o Buda ofereceu ao mundo uma meditação tremendamente simples, mas muitíssimo valiosa – *Vipassana*. A palavra *vipassana* significa simplesmente observar a respiração – o ar entrando e o ar saindo. As pessoas costumavam perguntar ao Buda, "O que vai acontecer se eu fizer isso?". Ele não era um teórico. Ele dizia, "Apenas faça para ver o que acontece. Experimente e me conte. Não me pergunte".

Assim que começa a observar a sua respiração, você passa a ver um grande fenômeno – que através da sua respiração, você se liga continuamente à existência, sem interrupção – sem férias. Se você está acordado ou dormindo, a existência continua derramando vida sobre você e levando tudo que está morto.

O dióxido de carbono está morto e se acumula em você, você vai morrer. Oxigênio é vida, e você precisa que o dióxido de carbono seja sempre substituído por oxigênio fresco. Quem está cuidando disso? Com certeza não é você! Se fosse, você já estaria morto há muito tempo; você não estaria aqui para fazer a pergunta. Teria esquecido, às vezes, de respirar, ou às vezes o coração iria se esquecer de bater, às vezes o sangue iria se esquecer de circular dentro de você – qualquer coisa poderia dar errado. Existem mil e uma coisas, em você, que poderiam dar errado. Mas todas estão funcionando em profunda harmonia. Essa harmonia depende de você?

Então, quando eu digo, "a existência cuida", não estou falando de filosofia. A filosofia é em sua maior parte um disparate. Só estou falando a verdade. E se você tomar consciência disso, uma grande confiança surgirá em você. Quando eu digo a você, "a existência cuida", é para provocar uma consciência que pode trazer a beleza da confiança na existência. Não estou pedindo para acreditar num Deus hipotético e não estou pedindo para ter fé num messias, num salvador; esses são todos desejos infantis de ter

alguma figura paterna cuidando de você. Mas eles são todos hipo-
téticos. Não existe nenhum salvador neste mundo.

A existência é suficiente por si só. Eu quero que você investigue o seu relacionamento com a existência, e dessa investigação
surge a confiança – não a crença, não a fé. A confiança tem uma
beleza porque é a sua experiência. A confiança ajuda você a relaxar,
porque toda a existência está cuidando – não há necessidade de se
preocupar. Não há necessidade de se ter nenhuma ansiedade, não
há necessidade de se ter nenhuma angústia, não há necessidade do
que os existencialistas chamam de *angst*.

A confiança ajuda a relaxar, ela ajuda você a deixar acontecer
e esse deixar acontecer prepara o terreno para o testemunho entrar
em cena. Eles são fenômenos relacionados.

Três mães de meia-idade, a sra. Fletcher, a sra. Cornfield,
e sra. Baum, estavam sentadas num hotel nas montanhas
se gabando dos seus filhos.

"Meu filho é médico", disse a sra. Fletcher , "e ele é
internista, cirurgião e especialista. Ganha tanto dinheiro
que é dono de um prédio de apartamentos na Park Avenue, em Nova York."

"Isso é bom", disse a sra. Cornfield. "Meu filho é
advogado. Trabalha com divórcios, acidentes de trabalho,
processos fiscais, seguros. É tão bem-sucedido que é dono
de dois prédios de apartamentos na Fifth Avenue."

"Senhoras", anunciou a sra. Baum, "ambas devem se
orgulhar de ter esses filhos bem-sucedidos. O meu meni-
no, tenho que dizer, é homossexual."

"Isso é uma vergonha", disse a sra. Cornfield. "E o que ele faz para viver?"

"Nada", disse a sra. Baum. "Ele tem dois amigos: um deles é um médico que é dono de um prédio de apartamentos na Park Avenue, e o outro é um advogado que possui dois prédios de apartamentos na Fifth Avenue."

A existência cuida.

Estou profundamente confuso com relação à confiança e à ação. Uma parte de mim diz: "Se você cruzar os braços, nada vai acontecer. Deus ajuda quem se ajuda", enquanto outra parte de mim diz: "Não faça nada. Não empurre o rio. Basta confiar e tudo vai ficar bem". Eu nem confio o suficiente nem ajo o suficiente. Estou preso entre as duas coisas, não vou nem para um lado nem para o outro. Você pode dizer algo sobre isso, por favor?

A CONFIANÇA NÃO SIGNIFICA que tudo vai ficar bem. Confiança significa que já está tudo bem. A confiança não conhece o futuro; a confiança só conhece o presente. No momento em que se pensa no futuro, já é desconfiança.

No momento em que você começa a pensar, "Tudo vai ficar bem se eu conseguir confiar", sua mente está em cena, você já não está confiando. Você está simplesmente tentando manipular a existência, agora através da passividade, mas é manipulação. A inatividade não é confiar. Se o motivo é esse, que "Tudo tem que ficar bem na minha vida", você está vigiando pelo canto do olho. Ainda não entendeu o que é confiança.

Você está entre a atividade e a inatividade, e a atividade e a inatividade são apenas dois lados da mesma moeda. Não são opostos, são complementares. E você vai continuar suspenso entre as duas, oscilando entre as duas, porque, se for para fazer alguma coisa, mais cedo ou mais tarde vai ficar cansado.

Toda ação traz cansaço e depois a pessoa começa a esperar que algo aconteça por meio da inação. Se você está na inação, por causa dela mais cedo ou mais tarde vai ficar entediado. Toda inatividade entedia, e então você passa para a ação. Essa é a dualidade ação e inação. Você ainda não sabe o que é confiança.

Confiança não é nem ação nem inação. A confiança pode agir, a confiança pode ser inativa. Confiança significa simplesmente que tudo já está certo; não há necessidade de ansiar por coisa alguma. "A" não precisa ser "B". Tudo o que você é, você é e isso é bom. Relaxar nisso não significa se tornar inativo –, porque você pode ser uma pessoa ativa, por isso, se você relaxar, uma grande atividade será liberada. Ou você pode ser uma pessoa inativa: se você relaxar, uma grande inatividade pode ser liberada. Mas isso não tem nada a ver com você. Você não está decidindo se está ativo ou inativo; você só está relaxando em quem você é. Então tudo o que acontece só acontece e pronto, tudo que está acontecendo simplesmente está acontecendo e pronto, e tudo é bom, porque Deus é bom.

Não estou dizendo, deixe-me repetir, que necessariamente você vai se tornar inativo, não. Lao Tsé ficará inativo, Krishna não ficará inativo, mas ambos são homens de confiança. Então onde é que eles coincidem? Porque suas personalidades são totalmente diferentes, não só diferentes, mas diametralmente opostas. Krishna vive uma vida de intensa atividade e Lao Tsé vive uma vida de enorme passividade, mas ambos são homens cheios de confiança.

Lao Tsé confiou e relaxou e isso é o que ele vê acontecendo com ele: cair na mais profunda passividade. Ele se torna apenas uma presença, uma presença silenciosa. Se algo acontece por meio dele, é ação por meio da inação. Lembre-se destas palavras: ação por meio da inação. Se algo acontece através dele, ele é apenas um agente catalisador. Isso acontece por meio da presença dele e não através da sua atividade.

Exatamente o oposto acontece a Krishna: ele é todo atividade. Ele também é um homem cheio de confiança. Relaxou dentro de si mesmo e nesse próprio relaxamento ele explodiu em mil e uma ações. Se às vezes você o vê inativo, isso só significa que a ação está se preparando, a ação está prenhe de inação.

Se Lao Tsé é ação por meio da inação, então Krishna é a inação por meio da ação. Mas ambos são homens de confiança. No que diz respeito à confiança, não há nenhuma diferença, ambos relaxaram.

Quando uma rosa relaxa, ela se torna uma rosa; e quando um lótus relaxa, ele se torna um lótus. O lótus é um lótus, a rosa é uma rosa – os dois são diferentes –, mas, no que diz respeito ao relaxamento, à aceitação, é a mesma aceitação, o mesmo ser, a mesma confiança.

Não comece a pensar que confiança é sinônimo de inatividade; não é. Então simplesmente relaxe no seu próprio eu.

E uma terceira possibilidade também existe, porque Jesus é ambas as coisas. Às vezes ele é ativo e às vezes é muito inativo. Ele está justamente entre Lao Tsé e Krishna. Se Krishna é todo ação e Lao Tsé todo inação, Jesus está bem no meio – uma grande síntese. Às vezes ele é muito ativo, e então vai para as montanhas passar quarenta dias jejuando, se sentar em silêncio sob as árvores, para meditar, para estar com Deus. Depois ele volta novamente para o mundo. Ele é um revolucionário, um rebelde. Mas sempre diz aos seus discípulos: "Agora basta, eu gostaria de ficar em reclusão". De vez em quando ele vai meditar nas montanhas, desaparece por dias e, então, mais uma vez volta para o mundo como uma chama, uma tocha queimando por ambas as extremidades.

Todas essas três possibilidades existem. Basta relaxar e deixar as coisas acontecerem. Mas não confunda confiança com inatividade.

Isso aconteceu na Índia: a confiança se tornou inatividade. Há séculos nesse país se pensa que, se você confia em Deus, então não é preciso fazer mais nada. E parece muito lógico: se você confia que ele é o agente, então por que precisa se preocupar? Apenas se sente em silêncio e espere. O que é para acontecer acontecerá; e se não for para acontecer, não acontecerá. Por que interferir? Todo o país tornou-se apático, passivo. Perdeu todo o brilho.

E o Ocidente foi para o outro extremo; porque a existência de Deus tornou-se suspeita com a evolução científica, Deus não é mais uma certeza tão grande quanto costumava ser, sua existência é incerta, de modo que confiar nele é simplesmente estupidez. O ser humano tem que agir por conta própria. Assim, o Ocidente pegou simplesmente o caminho inverso, o de ser ativo, sempre ativo – tanto que, mesmo no meio da noite, as pessoas não conseguem cair no sono. A atividade se tornou crônica; mesmo em seu sono elas reviram na cama e falam e sonham. O sono delas é um sono agitado, e muitas esqueceram o que é dormir. A insônia está se tornando quase um fenômeno universal no Ocidente – muita atividade. Porque "Deus não existe", então você não pode confiar.

No Oriente há o excesso de inatividade – porque "Deus existe". Então, você não precisa agir – mas ambos os pontos de vista são absolutamente tolos.

Confiança significa apenas que você relaxa em sua natureza. Se Deus existe ou não, isso não tem nada a ver com confiança. Isso também tem de ser entendido.

Sempre que usa a palavra "confiança", você pergunta: "em quem?", como se a confiança precisasse de um objeto. Não, a confiança não precisa de nenhum objeto. A confiança é um estado do seu ser; não é voltada para um objeto. Uma pessoa que não acredita em Deus pode confiar, e uma pessoa que acredita em Deus pode não confiar; Deus não é tão importante, não é fundamental. Por exemplo, Buda confia; ele não acredita em Deus. Mahavira confia; ele não acredita em Deus. Lao Tsé confia; ele não crê em Deus nem descrê; ele nunca fala de Deus, Deus é quase irrelevante.

A confiança é algo que acontece dentro de você, ela não tem nenhuma referência externa. A confiança é o seu estado relaxado de ser. Confiança significa ser você mesmo: não faça nada que vá contra a sua natureza. Você pode chamar a natureza de "Deus" ou você pode chamar Deus de "natureza"; é apenas uma questão de preferência. Se você é teísta, chama a natureza de "Deus"; se você é ateu, tudo bem, chama Deus de "natureza", mas a confiança continua a ser o próprio fundamento de uma vida de verdade.

E, então, seja o que for que acontecer – ação, inação, ambas – permita. Mergulhe nisso profundamente, totalmente, integralmente.

Epílogo

APROXIMANDO-SE DO VAZIO

Mais frágil e ilusório do que números escritos na água, é buscar a felicidade búdica no outro mundo.

Já não há, sobre o coração, nenhuma nuvem suspensa, e nenhuma montanha para a lua se esconder atrás.

No nosso caminho por este mundo, do nascimento à morte, não temos nenhuma companhia; solitários morremos, sozinhos nascemos.

A grande inundação avança, mas entregue-se e você flutuará sobre ela.

Quem vê nada, diz nada, ouve nada, simplesmente ultrapassa o Buda.

Ikkyu

O PENSADOR É CRIATIVO EM SEUS PENSAMENTOS. Essa é uma das verdades mais fundamentais para se compreender. Tudo o que você vivencia é criação sua. Primeiro você cria, depois vivencia, e então é apanhado de surpresa pela experiência, porque não sabe que a fonte de tudo que existe está em você.

Há uma parábola muito conhecida...

Uma vez um homem estava viajando e por acaso entrou no paraíso. No conceito indiano de paraíso, existem as árvores dos desejos, as *kalpatarus*. Você se senta debaixo delas, deseja alguma coisa e logo esse desejo é atendido. Não existe diferença entre um desejo e uma coisa. Não há diferença entre um pensamento e uma coisa. Você pensa e imediatamente isso se torna uma coisa; o pensamento se realiza no mesmo instante.

Essas *kalpatarus* não são nada mais que um símbolo da mente. A mente é criativa, criativa em seus pensamentos.

O homem estava cansado, então ele dormiu sob uma *kalpataru*, uma árvore dos desejos. Quando acordou, estava sentindo muita fome, então simplesmente disse: "Estou sentindo tanta fome! Gostaria de conseguir comida em algum lugar". E imediatamente a comida apareceu do nada, apenas flutuando no ar. E uma comida deliciosa!

Ele estava com tanta fome que nem atentou para o lugar de onde a comida veio. Quando você está com fome, não fica filosofando. Ele no mesmo instante começou a comer, e a comida era tão deliciosa que ele ficou totalmente distraído com o alimento. Depois que a fome passou, ele olhou em volta. Agora que estava se sentindo satisfeito, outro pensamento lhe ocorreu: "Se eu pudesse conseguir algo para beber...". Não há nenhuma proibição no paraíso, no mesmo instante um delicioso vinho apareceu.

Bebendo o vinho tranquilamente, sentindo a brisa fresca do paraíso sob a sombra da árvore, ele começou a se perguntar: "Mas que negócio é esse? O que está acontecendo? Será que estou sonhando ou há fantasmas por aqui fazendo truques comigo?"

E fantasmas apareceram, ferozes, terríveis, repugnantes. Ele começou a tremer e um pensamento lhe ocorreu: "Agora tenho certeza de que estou morto. Essas pessoas vão me matar".

E ele foi morto.

Essa é uma antiga parábola, de imensa importância. Ela retrata toda a sua vida. Sua mente é a árvore dos desejos, a *kalpataru*; tudo o que você pensa mais cedo ou mais tarde se cumpre. Às vezes, a lacuna é tão grande que você se esquece completamente do que tinha desejado a princípio. Às vezes a lacuna é de anos ou às vezes de vidas, então você não consegue identificar a fonte. Mas, se observar com atenção, vai descobrir que todos os seus pensamentos estão criando você e a sua vida. Eles criam o seu inferno, eles criam o seu céu. Eles criam o seu sofrimento, eles criam a sua alegria. Eles criam o negativo, eles criam o positivo. Dor e prazer, ambos são ilusórios; o doce sonho e o pesadelo, ambos são ilusórios.

O que se entende quando essas coisas são chamadas de ilusórias? O único significado é que elas são criação sua. Você está criando um mundo mágico em torno de si – esse é o significado da palavra *maya*. Todo mundo aqui é mágico; todo mundo está girando a roca e tecendo um mundo mágico em torno de si, e depois fica aprisionado dentro dele. A própria aranha está presa em sua teia.

Não há ninguém torturando você a não ser você mesmo. Não há ninguém, exceto você mesmo. Toda a sua vida é obra sua, criação sua. O Budismo insiste nesse fato com muita ênfase. Depois que isso é entendido, as coisas começam a mudar. Então você pode brincar, você pode transformar seu inferno em céu – é só uma questão de pintá-lo a partir de uma visão diferente. Ou, se você estiver muito apaixonado pelo sofrimento, pode criar tanta dor quanto quiser, para contentar seu coração. Mas depois você não pode reclamar, porque vai saber que é criação sua, a pintura você quem fez. Não pode fazer ninguém se sentir responsável por isso; toda responsabilidade é sua.

Então surge uma nova possibilidade: você pode abandonar a criação do mundo, pode parar de criá-lo. Não há necessidade de criar o céu e o inferno, não há necessidade nenhuma de criar. O criador pode relaxar, se aposentar.

Essa aposentadoria da mente é a meditação. Você já viu tudo, de um jeito e de outro. Você se alegrou e você sofreu, e passou por agonias e êxtases; amor e ódio, raiva e compaixão, fracasso e sucesso, você já viu tudo. Altos e baixos, você viveu todos eles. Devagar, muito devagar, essa experiência o alerta de que você é o criador.

Se você já fez viagens com drogas, você sabe. A droga simplesmente libera a energia da sua mente e coisas começam a acontecer. Você é transportado para outros mundos. Se uma pessoa sofre de paranoia e continua viajando com LSD, a viagem vai ser muito, muito horrível. Ela será perseguida, vai se ver cercada de inimigos e vai sofrer muito. Se a pessoa não está vivendo isso por medo, mas por amor e alegria, ela terá experiências bonitas. Aldous Huxley disse que viveu grandes experiências celestiais através do LSD, mas Karl Reiner disse que atravessou o inferno. E ambos estão certos! Pode-se pensar que eles estão um contra o outro, criticando um ao outro. Reiner acha que as drogas criam o inferno. As drogas não criam nada; tudo é criado pela mente, as drogas só conseguem ampliar isso. Elas podem exagerar, podem permitir que as coisas apareçam de forma ampliada, mil vezes maiores do que são. Um formigueiro vira uma montanha, isso é tudo. A droga só pode exagerar; a semente é a mente que propicia.

Toda a sua vida é uma espécie de viagem psicodélica. Quando você está sob o impacto de uma droga, as coisas acontecem rápido; imediatamente elas começam a acontecer. Quando você está vivendo a vida comum, a de costume, as coisas demoram um pouco mais de tempo, do tempo convencional, mas é a mesma viagem. Sua vida e suas experiências com drogas não estão separadas, porque ambas saem da mente – como poderiam estar separadas?

Ver essa questão é permitir um despertar em si mesmo. Então as duas coisas podem desaparecer. Você pode simplesmente deixar que as coisas desapareçam não cooperando, retirando-se, tornando-se uma simples testemunha, observando.

Os cientistas dizem que em média, a cada dia, cinquenta mil pensamentos passam pela mente. Cinquenta mil pensamentos estão o tempo todo passando. Você não permite que todos os pensamentos se realizem; você escolhe. Há bons pensamentos, há maus pensamentos, há pensamentos belos e há pensamentos feios – você escolhe.

É quase como se você tivesse um rádio e todas as estações estivessem disponíveis. Todo o barulho do mundo e os políticos podem ser sintonizados no rádio. Mas você escolhe a estação; essa escolha é sua. Ou você pode optar por não ligar o rádio; você pode optar por desligá-lo e, então, todo esse ruído desaparece.

A situação é bem essa. O meditador não quer escolher nenhuma estação; ele simplesmente desliga o rádio ou o tira da tomada. E todo o barulho e todos os políticos e todos os disparates são silenciados.

Mas, se você quer escolher, pode escolher; pode escolher qualquer estação. As pessoas ficam viciadas nas estações. Quando você entra na casa de alguém, você pode ver o rádio da pessoa. Verá o ponteiro na estação na qual ela é viciada, esteja o rádio ligado ou não. Lentamente, muito lentamente, o rádio passa a ficar sempre sintonizado na estação que ela prefere.

É assim com a sua mente. Quando olho para você, vejo suas estações que nunca mudam. Alguém decidiu viver no inferno – a estação dessa pessoa não muda, e não muda há tanto tempo que, agora, até mesmo sintonizar outra estação vai ser difícil. O rádio juntou ferrugem; talvez o botão de sintonizar as estações não gire mais, ele pode estar emperrado. Você pode ter deixado na mesma estação por muitas e muitas vidas; você se esqueceu de que existem outras estações. Você acha que está sofrendo, você tem que ouvir este ruído, você não gosta dele, mas o que pode fazer? Tem que ouvi-lo.

As pessoas ficam viciadas em seus pensamentos. Então um pensamento vem com mais frequência, se repete mais, cria uma ranhura na sua cabeça, nas células cerebrais e torna-se a sua realidade. Naturalmente, você acha que não pode fazer nada, você é uma vítima indefesa.

Você não é vítima coisa nenhuma! Não é vítima do destino, não é vítima de Deus, não é vítima da chamada teoria do karma. Esses são apenas truques, estratégias para não ver a lei fundamental da vida.

Quando está sofrendo, você tenta encontrar algumas explicações. Há belas explicações por aí. Alguém diz: "Essa é a vontade de Deus, então o que você pode fazer? Você tem que enfrentar. Não está nas suas mãos. O homem é impotente e Deus é onipotente. O que você pode fazer? Só duas coisas são possíveis no seu caso: ou você sofre feliz ou sofre infeliz. O sofrimento vai existir de qualquer jeito, então apenas tente ser o mais feliz possível enquanto sofre, sem resmungar, sem se queixar. Sofra com aceitação, isso é tudo que você pode fazer. Ou pode continuar chorando e se lamentando, mas nada pode mudar isso. Está além da sua vontade".

Essa explicação ajuda as pessoas. Então elas continuam no mesmo caminho batido. Esquecem que podem mudar alguma coisa. Um homem como Buda declara que o ser humano é livre, essa é a maior contribuição do Budismo à consciência humana e à história da consciência humana, que o homem é absolutamente livre, que o homem é liberdade. Nenhum Deus está programando você; não existe nenhuma programação. Você está programando a si mesmo; você é um autoprogramador.

Existem outras explicações. Existem aqueles que não acreditam em Deus, mas que acreditam em karma. Você está sofrendo, você está angustiado, então diz: "O que posso fazer? É um karma da minha vida passada; eu tenho que passar por isso". Isso ajuda a aceitar; é um consolo. Dá a você um certo tipo de descanso, torna a vida um pouco mais fácil; caso contrário, seria muito difícil, seria impossível, seria insuportável. Depois que você aceita a ideia de que a sua vida é, de uma forma ou de outra, predeterminada, seja por Deus ou pelo karma – o karma é outro Deus –, é a mesma estratégia, sem nenhuma diferença. Apenas as palavras são diferentes. "Agora nada pode ser feito. Você agiu mal na vida passada, não há nenhuma maneira de desfazer isso agora; a única maneira é passar por isso. Passe pelo pior e espere o melhor." Você fica com uma espécie de consolo de que, mais cedo ou mais tarde, algo bom vai advir disso.

É por isso que as pessoas estão tão infelizes, por causa das suas explicações. Se você explicou o seu sofrimento, como vai transformá-lo? Se você tem uma explicação que o ajuda a aceitá-lo como ele é, então não há nenhuma possibilidade de transformação. Mas todas as teorias e consolos são sedativos, um veneno mortal. Você é o único agente, o único criador da sua vida – nada mais a determina. A todo instante você está no controle. Você apenas tem que ver isso e tentar fazer algumas mudanças, e essas mudanças vão ajudá-lo a ficar mais consciente.

Um dia, quando estiver se sentindo muito infeliz, apenas sente-se silenciosamente numa cadeira, relaxe e comece a reparar nesse sentimento. Só que faça o contrário, não entre na armadilha do sofrimento: comece a sorrir. No começo vai parecer falso. Fique

> Você é o único agente, o único criador da sua vida – nada mais a determina.

simplesmente eufórico, extasiado. Comece balançando, como se houvesse uma grande energia dançante em você, e você ficará surpreso ao ver que aos poucos, lentamente, o que começou como um mero fingimento começa a se tornar real. O sofrimento desaparece; ele não tem mais domínio sobre você, algo mudou. O riso está surgindo em você. Seu velho hábito vai dizer: "O que você está fazendo? E o karma? Isso não deveria acontecer; você não devia fazer essas coisas. Isso vai contra toda filosofia e metafísica. Volte para a velha rotina. Isso não está certo, você está trapaceando; você tem que ser infeliz se existe infelicidade. Essa alegria não é autêntica, é falsa". A mente vai trazer todo tipo de coisa para criar perturbação outra vez. Mas eu insisto: "Desta vez vou deixar de lado a teoria do karma. Vou saltar para fora da roda! Desta vez vou escolher o oposto".

Comece a dançar, cantar e você vai se surpreender. Vai vivenciar uma grande verdade: que tudo muda, o clima muda, as nuvens desaparecem, torna-se ensolarado, e você fica diferente. Às vezes, quando estiver se sentindo muito feliz, faça o oposto: fique infeliz por nenhuma razão, apenas para ficar infeliz. No início, você vai estar mais uma vez apenas encenando. Mas logo vai entrar no papel, porque tudo o que você está fazendo nada mais é do que uma encenação, por isso pode ser mudado.

O que você chama de vida autêntica também é apenas uma encenação. Talvez você tenha praticado por muito tempo, mas é uma encenação. Então, pode se passar para uma outra cena. E depois que aprendeu o truque de mudar de cena, você será capaz de ver a sua liberdade. Você é algo que vai além das cenas.

A função de um mestre é destruir todas as suas cenas e torná-lo capaz de ser livre. Você é livre, totalmente livre. Experimente a sua liberdade, e lentamente, muito lentamente, saia das velhas rotinas.

Aconteceu...

Um professor de inglês foi convidado para falar sobre a filosofia da vida. Ele era um professor aposentado de certo renome e quis fazer uma pequena mudança no título da palestra. Ele disse: "Troquem o nome da palestra para A Gramática da Vida. Sendo um professor de inglês, a equipe que o tinha convidado pensou: "Tudo bem, tanto faz, a filosofia da vida ou a gramática da vida, dá no mesmo".

E sabe o que o professor disse quando fez a palestra? Ele disse: "Viva na voz ativa e não na passiva. Pense mais sobre o que você faz acontecer do que o que acontece a você. Viva no modo indicativo, em vez de no subjuntivo. Se preocupe com as coisas como elas são, e não como elas poderiam ser. Viva no tempo presente, encarando o dever que tem à mão sem se arrepender do passado ou se preocupar com o futuro. Viva na primeira pessoa, criticando a si mesmo em vez de encontrar falhas nos outros. Viva no singular, dando mais importância à aprovação da sua própria consciência do que aos aplausos da multidão. E se você quiser um verbo para conjugar, não há nada melhor do que o verbo amar".

ESSA É A GRAMÁTICA DA VIDA DELE. Durante toda a vida ele deve ter ensinado gramática, apenas gramática.

Agora tornou-se quase um hábito inconsciente; ele não consegue pensar em outros termos.

É assim que você foi pego, você é pego pelos hábitos. Nenhum karma está prendendo você ou, se existe mesmo um karma, ele nada mais é do que os seus próprios hábitos. Aquilo que você tem feito repetidas vezes torna-se quase um fator determinante na sua vida, torna-se decisivo.

Mas pode-se abandonar qualquer hábito. Você pode ter sido fumante durante trinta anos, mas pode largar este cigarro fumado pela metade e nunca mais pegar outro. Você é livre. Se não conseguir largá-lo, isso só significa que você está escolhendo não largá-lo. Se as pessoas dizem, "Como podemos nos livrar do sofrimento?", elas estão simplesmente dizendo: "Nós não queremos nos livrar do sofrimento". Estão enganando a si mesmas.

As pessoas vêm a mim e me perguntam: "Como sair dessa situação?" E eu fico simplesmente perplexo, porque são elas que estão se agarrando à situação, ninguém mais. Podem sair disso com muita facilidade. Estão colocando mais energia para ficar nessa situação; menos energia é necessária para sair dela. Mas se esqueceram de uma coisa: elas se esqueceram da sua liberdade.

A mensagem do budismo é liberdade: a liberdade de Deus, a liberdade do céu e do inferno, a liberdade do medo, a liberdade do futuro, a liberdade de todas essas explicações que o homem criou ao longo dos séculos e que agora o estão deixando sobrecarregado, oprimido.

Eu ouvi...

Um especialista em eficiência morreu e seu caixão estava sendo levado por seis homens contratados. Quando eles

se aproximavam da sepultura, a tampa do caixão se abriu
e o especialista em eficiência se sentou no caixão e gritou:
"Se colocassem essa coisa sobre um carrinho poderiam
demitir quatro homens!"

Apenas um hábito de toda a vida – um especialista em eficiência sempre será um especialista em eficiência. Não ria, porque
isso é o que você está fazendo. Você está vivendo conforme seus
hábitos, vai morrer conforme seus hábitos, e por causa deles não
vai viver a vida real. A vida real consiste em liberdade. Depois de
saber que você é livre, então não há obsessão para escolher isto ou
aquilo. Você pode optar por não escolher.

Esse estado é chamado búdico.

Mais frágil e ilusório do que números escritos na água, é
buscar a felicidade búdica no outro mundo.

Esse é um sutra importante. Aos poucos vá se aprofundando
nele. A primeira coisa: pedir para o Buda nos ajudar é tolice, por
três razões. Em primeiro lugar, ele não pode. Em segundo lugar,
mesmo que pudesse, não ajudaria. Em terceiro lugar, não precisamos de ajuda, visto que já somos todos budas. Por causa dessas três
razões, as pessoas zen dizem que pedir ajuda ao Buda é tolice. Em
primeiro lugar, ele não pode. Por que ele não pode ajudar? Porque
do ponto de vista dele você não precisa de ajuda nenhuma. Do
ponto de vista dele, a sua situação toda é ridícula; todo o seu sofrimento é falso. Em vez de ser gentil com você, ele gostaria de rir

de você, embora ele não ria. Ele continua sendo gentil com você, só para não ofendê-lo desnecessariamente.

Mas o xis da questão é que, do ponto de vista de um Buda, todo o seu sofrimento é pura estupidez. É como se você estivesse numa casa pegando fogo e as portas estivessem abertas, as janelas estivessem abertas, você pode saltar para fora, mas está apenas sentado ali, gritando: "Me ajudem! Como vou sair desta casa? Minha casa está em chamas! Tragam mapas, guias; ensine-me técnicas, métodos, para sair!". A casa está em chamas e você está parado lá no meio da sala. As portas estão abertas e as janelas estão abertas, você pode sair quando quiser, não precisa ficar ali nem mais um instante. Toda a situação é ridícula.

Um buda sabe que vocês são todos budas. O dia em que um homem se torna iluminado, para ele o mundo inteiro torna-se iluminado. Então ele pode ver você inteiro: ele pode ver sua eternidade, ele pode ver a sua pureza eterna, ele pode ver oculta dentro de você a fonte, a divindade. Você está chorando e se lamentando, e ele pode ver o seu tesouro e seu império, mas você está implorando, mendigando ajuda.

O Buda não pode ajudá-lo, porque ele pode ver que o seu sofrimento foi criado por você, é ilusório. E ele não pode ajudá-lo também por outro motivo: o próprio mestre desapareceu como ego, como eu. Não há ninguém dentro dele; um buda é puro vazio. Quem está lá para ajudá-lo? Você pode conseguir toda a ajuda de que precisa, mas não há ninguém lá para ajudá-lo. Que fique muito claro: você pode partilhar da energia de um Buda, você pode devorar tanto da energia dele quanto possível, você pode bebê-lo e pode ficar inebriado com ele, mas ele não pode fazer nada por conta própria. A porta não existe mais.

Um buda é simplesmente uma disponibilidade. O mestre continua disponível em *satsang*; sua presença, ou sua ausência, existe. Você pode pegar quanto quiser, você pode permitir que a presença dele penetre tão profundamente quanto sua disposição para abrir seu coração. Mas tudo depende de você. Sim, você pode ajudar a si mesmo através do Buda, mas o Buda não pode ajudá-lo. Não há atividade possível por parte de um Buda.

Às vezes, se você me procura e pergunta: "Osho, você vai me ajudar?", você cria um problema para mim. Se eu disser que vou, estou mentindo. Se eu disser que não vou, você fica magoado, acha que sou cruel, desalmado. A situação é a seguinte: eu estou disponível. Você pode ajudar a si mesmo por meio da minha presença; eu não posso fazer nada. O mestre é um agente catalisador. Sua presença pode desencadear um processo em você, mas ele não pode ser um agente. Ele não pode tomar nenhuma iniciativa, não pode ser um manipulador, não pode impor nenhuma disciplina ou condição sobre você, ele não pode forçá-lo a mudar. Toda essa violência não existe mais. A violência é uma sombra do ego; no dia em que o ego desaparece, toda violência desaparece.

É por isso que eu digo que um benfeitor não é um homem bom. O homem que está correndo atrás de você para tentar mudá-lo não é boa companhia. O homem que quer mudar você é egoísta; ele quer moldar você de acordo com as ideias dele. Ele é perigoso, ele vai destruí-lo; não vai ser útil para você. Vai cortar uma parte ou outra e vai mudar as coisas em você. Ele tem um plano na cabeça, uma certa ideia que tem de ser implementada.

Ele não está nem aí com você. Toda a preocupação dele é com a ideia que tem; você é apenas um brinquedo.

Isso é o que seus chamados *mahatmas* continuam fazendo. Eles vão lhe dar padrões de vida, vão forçar coisas sobre você: "Faça isso, não faça aquilo. Se você fizer isso será recompensado, se não fizer aquilo será recompensado. Se você obedecer, o paraíso é seu. Se você desobedecer, então vai para o inferno". Essas pessoas são perigosas. Elas são políticas, não religiosas de fato. Todo o esforço delas é no sentido de mudar as pessoas; elas gostam disso. Mas as pessoas não são coisas. Um ser humano não é uma tela em branco; você não pode pintá-lo da maneira que quiser. O homem é divino, a mulher é divina; toda pessoa é divina. Quem pode mudar uma pessoa? A simples ideia de mudar uma pessoa é um sacrilégio, é um pecado.

Muitas pessoas vêm a mim e dizem: "Por que você não dá disciplina aos seus *sannyasins*?" Quem sou eu para dar disciplina aos meus *sannyasins*? Eu estou disponível. Tudo o que eles querem, eles podem ter; essa é a escolha deles e a liberdade deles. Eu estou aqui para ensinar uma única coisa: a liberdade. Sem nenhuma interferência. Se eles optarem por permanecer no mundo, tudo bem. Se optarem por sair dele, tudo bem. Para mim, tudo está bem. Mas a coisa mais valiosa no mundo é a liberdade.

Não se pode pedir a um buda para ajudar. Ele é uma ajuda, mas uma ajuda passiva, apenas uma presença, uma porta. Você pode passar por ele, mas a porta não pode arrastá-lo, para que passe através dela. Esteja ciente deste fato: se você está com um verdadeiro mestre, ele não vai arrastá-lo para lugar nenhum. Ele derramará sua presença sobre você, permanecerá disponível de mil e uma maneiras, mas ele lhe dará a liberdade de escolher, a liberdade de ser. Sua presença não é ativa, não pode ser; toda ação é violenta. Sua presença é passiva. Assim, por três razões, não é possível.

Ikkyu diz:

> Mais frágil e ilusório do que números escritos na água, é buscar a felicidade búdica no outro mundo.

Em segundo lugar, ele não iria ajudá-lo, porque tudo o que é concedido a você a partir de fora não pode se tornar a sua natureza eterna. Nem um Buda pode lhe dar a verdade, porque a verdade não é uma coisa que se dê ou se tome, é uma experiência que surge em você. O Buda é uma oportunidade em que você pode florescer. Mas nada pode ser dado a você, nada pode ser transferido. Há coisas que são intransferíveis. Elas só surgem; elas crescem. Elas não são mercadorias; elas crescem como uma fragrância se desprende de uma flor.

A verdade é a sua fragrância. Assim, mesmo que ele queira, um buda não vai ajudá-lo, porque qualquer coisa dada de alguém de fora, por ter sido dada, torna-se falsa. Já não é uma verdadeira dádiva. A verdadeira dádiva tem que surgir em você; tem que vir à luz por você, através de você. No máximo, o mestre pode ser uma parteira.

Isso é o que Sócrates diz que ele é: uma parteira. A criança cresce no útero da mãe, a parteira pode tornar-se uma oportunidade para tirar a criança do útero do modo mais confortável e conveniente possível. Essa é a função de um mestre. A divindade está crescendo em seu útero. O mestre pode ser uma oportunidade para fazer esse nascimento acontecer com conforto, com o mínimo de dor possível, com tanta alegria quanto possível, com celebração.

Em terceiro lugar, o Buda não pode ajudar porque vê que não precisamos de nenhuma ajuda. Tudo o que precisamos é ter consciência da nossa liberdade, consciência da lei fundamental de que o pensamento cria a realidade, de que somos criadores, de que todos e cada um de nós é um criador.

Nunca pense nem por um instante que Deus criou o mundo. Você criou seu mundo. E não existe um único mundo; existem tantos mundos quanto existem pessoas aqui. Você vive em seu mundo, sua esposa vive no dela. Por isso o confronto – esses dois mundos estão o tempo todo colidindo entre si. Eles têm que colidir, estão sobrepostos. Você gosta de uma coisa, sua mulher gosta de outra coisa. Não há maneira de convencer o outro, desta ou daquela maneira, gosto não se discute. Você gostaria de ir ver este filme, ela quer ver outro; gosto é gosto. Vocês estão em dois mundos sobrepostos, interferindo um no outro; daí o conflito. Nós não vivemos em um único mundo. Há tantos mundos quanto existem pessoas.

O Buda é aquele que viu a verdade. Ele vê que é o criador do seu mundo e se aposentou. Ele não cria mais. Um buda vive aqui no mundo, sem um mundo. Esse é o significado de ser um Buda: ele vive no mundo, mas não existe nenhum mundo para ele. Ele vive no mundo, mas o mundo não está nele. Sua própria criação do mundo desapareceu completamente. Sua tela está em branco: ele não cria mais, ele não projeta nenhum sonho.

Chegar perto de um buda é o mesmo que se aproximar de um vazio; daí o medo. A pessoa sente medo. Se fitar os olhos de um Buda, você vai se sentir absolutamente vazio, um abismo. Você vai sentir como se caísse dentro dele, como se nunca fosse chegar ao fundo. Não há nenhum. Não há fundo, é o vazio eterno, e só um cair e cair e cair. A pessoa desaparece, mas nunca chega ao fundo desse vazio.

O Buda não pode ajudá-lo, porque ele vê seus sonhos. É como se você estivesse dormindo e estivesse em meio a um sonho muito perigoso. Um tigre está perseguindo você e você está gritando, e em seu sono você grita, "Socorro! Socorro!". E alguém está sentado ao seu lado, acordado. O que você acha que essa pessoa deve fazer? Deve tentar ajudá-lo? Então ela vai ser tão tola quanto você. Ela vai estar tão adormecida quanto você ou até mais. Ela vai rir. Ela sabe que não existe nenhum tigre; ele é criação sua, é a sua imaginação. A pessoa pode até dar umas boas risadas. Mas você está sofrendo – o tigre pode ser imaginário, mas no momento o seu sofrimento parece de verdade. Lágrimas enchem seus olhos, você está tremendo.

O que deve fazer a pessoa que está acordada? Ela não pode salvá-lo do tigre, porque não existe tigre nenhum, para começo de conversa. Mas ela pode fazer uma coisa: pode ajudá-lo a acordar.

É por isso que esses sutras de Ikkyu são tão deprimentes, parecem tão tristes. Uma mulher escreveu uma carta para mim; seu irmão e a cunhada estão aqui e ela escreveu, "Osho, a última vez que eles estiveram aí você estava falando sobre os sufistas e eles ficaram emocionados com as palestras; é por isso que voltaram. E agora esses sutras de Ikkyu; eles são tristes e causam tristeza". Ela me pediu para fazer algo para que o irmão e a esposa não se sentissem tristes aqui. Nada pode ser feito. Com Ikkyu, eu sou Ikkyu.

Mas essa tristeza é de imenso valor. Você não está aqui apenas para se divertir, você está aqui para ser iluminado. Não há nada errado em se divertir – se você decidir que quer isso, tudo bem –, mas você vai estar desperdiçando uma ótima oportunidade. Você precisa se tornar iluminado. E antes que alguém possa despertar, tem de atravessar as muitas camadas de tristeza do seu ser. Existem camadas e camadas de tristeza que você reprimiu, porque você nunca quis ser triste, você nunca olhou essa tristeza de frente.

Um buda coloca toda a sua tristeza diante de você, porque o seu compromisso não é com o seu sono e com os seus sonhos. Esses sonhos às vezes podem ser doces, mas um sonho é um sonho, seja doce ou amargo. Mesmo que seja muito divertido, é um sonho, e um desperdício de tempo.

A verdade pode não ser muito divertida, mas é esclarecedora. E depois de ter visto a verdade, a vida passa para uma dimensão totalmente nova. Essa dimensão é de bem-aventurança. E lembre-se mais uma vez: bem-aventurança não significa felicidade, porque o que você quer dizer com a felicidade também é divertimento. O que você quer dizer com felicidade nada mais é que prazer, sensação, emoção.

A bem-aventurança tem a qualidade da paz, do silêncio, da quietude, do imperturbável. Não há nenhuma dor e nenhum prazer; nesse estado de não dualidade, Buda está interessado. E, para atingi-lo, a pessoa tem de passar através de uma tristeza valiosa. Qualquer preço que tenha que pagar vale a pena, porque o que você vai constatar está além de todos os valores; está além de toda a sua compreensão.

O caminho do Buda é o caminho do despertar. Mas você só pode acordar quando a sua tristeza é enfatizada. Do contrário, quem gostaria de ser acordado? Você tem que ser alertado sobre a sua tristeza, sobre o seu inferno. Você tem que estar ciente da sua morte, da sua doença. Você tem que estar ciente de todas as agonias por que passou, pelo que está passando e que terá que passar. Essa coisa toda tem de ser enfatizada.

Eu ouvi...

Um produtor da Broadway decidiu que estava farto dos anúncios espalhafatosos e exagerados de muitos espetáculos. Ele decidiu que iria inserir uma cláusula em seu contrato que daria a ele o direito de aprovar toda a publicidade da nova peça que estava produzindo.

Vários redatores prepararam anúncios a que incorporaram a honestidade e sinceridade de qual o produtor fazia questão. Ele recusou todos. Um dos redatores, por fim, trouxe um anúncio em que se lia: "Eis aqui uma peça que combina a dramaticidade de Shakespeare, a sagacidade de Rostand, a força de Tennessee Williams, o intelecto de Marlowe e a trama de mistério de Dickens. Melhor que *Hamlet*, mais comovente do que a Bíblia, esta peça deixará uma marca para sempre na sua memória".

"É isso aí!", gritou o produtor. "Sem exageros! Basta dizer a mais pura verdade!"

Você está vivendo um tipo exagerado de esperança que só pode ser destruído por um tipo exagerado de tristeza. A polaridade oposta tem que ser trazida à tona. Você está escondendo todas as suas feridas; Buda gostaria de abri-las todas. É claro que isso não agrada. Ver suas feridas dói. A vida começa a parecer muito, mas muito dolorosa, a pessoa se sente letárgica. Então, qual é o sentido? A pessoa começa a pensar em cometer suicídio.

Esse é o ponto em que o Buda gostaria que você chegasse. Onde você começa a pensar em suicídio, só então o *sannyas* é possível, antes não. Quando você acha que nada na vida tem sentido, só então a sua energia começa a se concentrar num ponto: agora é preciso buscar outro significado. "Nesta vida tudo deu errado. Agora uma outra vida tem que ser buscada. Eu vivi fora de mim e vi que ela é só tristeza e agonia. Agora eu tenho que me voltar para dentro, dar uma volta de cento e oitenta graus".

É por isso que esses sutras parecem tão tristes. Eles colocam a verdade da sua vida em foco.

> Mais frágil e ilusório do que números escritos na água, é buscar a felicidade búdica no outro mundo.

E as pessoas são tão burras que, mesmo quando procuram um Buda – que não conhece futuro, que não conhece passado, que vive no momento eterno –, elas ainda perguntam sobre a vida após a morte. Querem ter alguma felicidade no outro mundo. Não estão interessadas em ficar acordadas aqui e agora, estão interessadas em encontrar um mundo belo após a morte.

Buda está interessado, apenas interessado no aqui e agora. Ele quer que você fique acordado aqui e agora. Mas você vai até ele e pergunta: "A alma é imortal? Eu vou viver depois da morte?

O que vai acontecer depois da morte? O que acontece depois que eu deixar este corpo? Para onde as pessoas vão?"

Buda costumava rir de todas essas perguntas e ele simplesmente colocava-as todas de lado. Na verdade, era assim que ele agia: sempre que ia entrar numa cidade, seus discípulos antes circulavam pela cidade pedindo a todos, "Não façam essas onze perguntas". E essas onze perguntas eram todas elas questões metafísicas: vida após a morte, Deus, céu, inferno, karma e todo esse tipo de bobagem. Buda costumava dizer, "Basta perguntar sobre o imediato, sobre aquilo que é uma questão no momento. Deixe-me tornar a resposta para isso".

As pessoas não querem fazer esse tipo de pergunta, elas querem evitar isso. Você está infeliz e pergunta: "O que vai acontecer após a morte?" As pessoas vêm a mim também e perguntam: "O que vai acontecer depois da morte?" Eu digo, "Primeiro veja o que está acontecendo antes da morte". Elas não estão interessadas nisso. Antes da morte? Quem se interessa com o que acontece antes da morte? A verdadeira questão é após a morte.

Se você não pode ver o que está acontecendo agora, e você não quer ver isso, a história vai ser a mesma mais tarde. Alguém perguntou: "Esta pergunta me persegue desde a infância: como uma pedra se sente por dentro? Dentro da pedra, como é?"

Pergunte primeiro como é quando você é um ser humano, porque um dia você já foi pedra também e na época você estava preocupado, eu sei – na época você estava preocupado em saber como se sente um ser humano. Agora você é um ser humano, está preocupado em saber como se sente uma pedra. Você vai perder todas as oportunidades?

E lembre-se, a pedra sente o mesmo. Se você puder saber como ela se sente por dentro agora, vai saber como ela se sente por dentro em qualquer outro lugar. O interior é o mesmo, apenas o exterior é diferente. Uma pessoa é uma mulher por fora, outra é um homem por fora; por dentro, ninguém é homem nem mulher. E o homem vive o tempo todo intrigado com a mulher. Mesmo seus grandes homens, os chamados grandes homens, vivem intrigados com o mistério da mulher: "Como elas se sentem?" Do lado de dentro, é a mesma coisa, até mesmo se tratando de uma pedra.

O interior é sempre o mesmo; só a periferia exterior, a forma, é diferente. Dentro é divindade. A divindade está dentro de todas as coisas.

Mas que pergunta! Ora, basta pensar, uma pessoa que passou a infância toda pensando – devia ser uma obsessão – em como uma pedra se sente por dentro... E a pessoa ainda não se perguntou: "Como é que *eu* me sinto por dentro agora?"

Buda está interessado no imediato, no iminente. Vá para o aqui e agora: entre na sua realidade e veja. E seja o que for que você descobrir vai resolver todos os seus problemas. Nenhuma metafísica é necessária, a meditação por si só é suficiente. As pessoas costumavam pedir ao Buda: "Ajude-nos a ter uma vida melhor amanhã", e ele estava pronto aqui, disponível agora, para transformar.

Mas você não está interessado em ser transformado aqui, porque você tem mil outras coisas para fazer. Você está pensando que depois desta vida acabou e todas as belas coisas da vida terão terminado, então depois, descansando na sepultura, aí sim você poderá meditar. Poderá pensar em questões existenciais. Por que se incomodar agora? Neste momento, existem tantas coisas para fazer, tantas coisas interessantes para fazer.

Buda não pode ajudá-lo com o futuro, porque para um buda não existe futuro. O único tempo para uma buda é o presente. Ele não pode ajudá-lo com o passado, porque não existe passado. Tudo é agora.

Já não há, sobre o coração, nenhuma nuvem suspensa, e nenhuma montanha para a lua se esconder atrás.

Se você puder ver, e se você puder ir no aqui e agora das coisas, dentro de si mesmo, neste momento, você se surpreenderá: *Já não há, sobre o coração, nenhuma nuvem suspensa, e nenhuma montanha para a lua se esconder atrás.* Tudo é claro lá! Neste exato momento! Só você não está lá. Tudo é claro ali; apenas clareza, transparência, clareza cristalina, e tem sido assim desde o início dos tempos.

O interior do seu ser é pureza absoluta, não pode ser contaminado. É como se um homem estivesse dormindo, você o sacudisse e ele acordasse. Mesmo enquanto ele dormia, sua capacidade de despertar não foi destruída. Estava lá, como um substrato. No topo talvez houvesse uma camada de sono, de sonhos, mas no fundo ele estava acordado. Caso contrário, como você conseguiria acordá-lo apenas sacudindo-o? Apenas um alarme, apenas alguém chamando do lado de fora e ele abre os olhos e pergunta: "Quem está me chamando?" Ele estava dormindo e estava sonhando mil e uma coisas, e estava completamente absorto nessas coisas. Mas algo ainda estava consciente.

Esse algo está sempre consciente. Esse algo nunca perde a consciência.

Você está perdido em pensamentos; pensamentos são sonhos. Você está perdido na cabeça, e essa clareza existe no coração. A cabeça é só confusão, é claro: cinquenta mil pensamentos passando pela sua cabeça a cada dia! É na verdade sempre hora do *rush*, 24 horas. E esses cinquenta mil pensamentos de que estou falando acontecem ao homem médio muito, muito normal. Eu não estou me referindo aos neuróticos e aos filósofos e aos pensadores, pessoas loucas; não estou dizendo nada sobre eles, essa é apenas a média.

Tantos pensamentos passando pela cabeça: como você pode manter a clareza? São muitas nuvens, como pode ver o sol? Mas há um espaço dentro de você, uma fonte de clareza: o seu coração. Saia da cabeça e entre no coração. E de repente alguém fica consciente: *Já não há, sobre o coração, nenhuma nuvem suspensa...* porque nem um único pensamento passa através do coração.

O mecanismo do pensamento está na cabeça e o mecanismo da consciência está no coração. O coração está sempre consciente. É por isso que sempre que você faz algo de coração isso tem uma beleza, uma beleza transcendental, uma graça. Tem algo da divindade – talvez uma coisa pequena, um pequeno gesto, mas nesse gesto a divindade é revelada. E tudo o que você faz

O mecanismo do pensamento está na cabeça e o mecanismo da consciência está no coração. O coração está sempre consciente.

com a cabeça é sempre calculado, cheio de astúcia, sagacidade, nunca deixa de ser profano e feio.

Já não há, sobre o coração, nenhuma nuvem suspensa, e nenhuma montanha para a lua se esconder atrás.

Ali tudo é cristalino. E ambos os espaços estão disponíveis para você, mas de alguma forma você está apenas em pé na beira da estrada, cercado pelo tráfego e o barulho.

Saia da cabeça e entre no coração. Pense menos, sinta mais. Não fique muito apegado aos pensamentos; se aprofunde nas sensações. Basta ver a mudança, é apenas uma mudança de *gestalt*. Você está perdido em pensamentos, você não consegue ouvir o canto dos pássaros, então você altera a *gestalt*. Apenas o foco muda, ocorre uma transição. Você não está mais preocupado com os pensamentos: de repente todos os pássaros estão cantando, as flores florescendo, os raios do sol passando por entre as árvores e o vento brincando com as folhas mortas.

> Saia da cabeça e entre no coração. Pense menos, sinta mais.

Apenas uma mudança é necessária. É justamente isso que tem de ser feito; portanto, aquele que de fato quer despertar precisa aprender todas as formas de sensibilidade. Sentir mais, tocar mais, ver mais, ouvir mais, saborear mais.

Os seus mahatmas todos embotaram a sua sensibilidade. Eles lhe disseram: "Não experimente, experimentar é perigoso".

Eles disseram: "Não ouça música; esqueça os seus sentidos". E como você se fechou para todos os seus sentidos, suas sensações desapareceram, porque a sensação só pode vir através do estímulo que os seus sentidos lhe dão.

Assim, quando uma pessoa nova chega aqui e vê as pessoas se abraçando, de mãos dadas, dançando, cantando, ela fica confusa, porque conhece apenas um tipo de "*ashram*", o do tipo cemitério, onde as pessoas estão mortas, apenas sentadas sob as árvores, entorpecidas, sem sentir nada, apenas cantando "Rama-Rama-Rama". E esse

> Se você quer
> ficar consciente,
> tem que ser
> sensível. Tem que
> permitir que todos
> os seus sentidos
> se inflamem.

cântico é apenas uma espécie de canção de ninar para que possam forçar todos os seus sentidos a adormecer.

Se você quer ficar consciente, tem que ser sensível. Tem que permitir que todos os seus sentidos se inflamem. Então o coração começa a viver. Então, o lótus do coração se abre e não há mais confusão.

No nosso caminho por este mundo, do nascimento à morte, não temos nenhuma companhia; solitários morremos, sozinhos nascemos.

Não fique muito imerso no mundo dos relacionamentos, porque todo relacionamento é um sonho. Lembre-se da sua solidão absoluta: *solitários morremos, sozinhos nascemos.*

Esta vida é apenas um pernoite. Não fique muito absorto nela, não fique muito envolvido. Ao passar uma noite num caravançarai, você não se envolve. Você permanece durante a noite e sabe que pela manhã tem que ir embora, portanto você não fica preocupado com o caravançarai. Esta vida é apenas uma viagem; esta vida é apenas uma ponte. Passe através dela; não se envolva muito com ela. Permaneça distante, desapegado.

E esse distanciamento e esse desapego não devem ser forçados. Se forem forçados, você terá deixado de perceber o mais importante. Eles têm que ser fruto da sua compreensão. Se forem forçados, isso vai matar os seus sentidos. Se forem frutos do seu entendimento, os seus sentidos vão se tornar mais vivos.

A grande inundação avança, mas entregue-se e você flutuará sobre ela.

Lembre-se, se você não estiver muito envolvido, não há por que lutar, não há por que brigar. São as pessoas envolvidas que lutam, porque elas têm algumas ideias preconcebidas sobre o que tem de ser feito. Elas querem que o mundo siga de uma determinada maneira; ele tem mudar. Elas ficam tão envolvidas que não conseguem dormir. Têm que pintar as paredes do caravançarai, têm que decorar as paredes, têm que mudar a cama, têm que mudar a posição dos móveis, e pela manhã elas já têm que ir embora. A noite inteira é desperdiçada organizando e lutando e mudando as coisas.

Se for fruto da compreensão, não da prática forçada, você começa a flutuar com a vida. Então tudo está bem; então você não empurra o rio: *A grande inundação avança, mas entregue-se e você flutuará sobre ela.*

Se você começar a lutar com ele, você vai estar só lutando consigo mesmo e ninguém mais. Se começar a lutar contra a vida, você vai se tornar mais e mais fechado – é claro, para se defender. Se você começar a lutar contra a vida, você será derrotado, porque vai gastar a sua energia nessa luta.

Se não lutar contra a vida, você vai flutuar com o fluxo, vai seguir com o rio, vai flutuar correnteza abaixo; você não precisa tentar subir o rio, você não tem ideais, você simplesmente está numa espécie de rendição à vida – isso é confiança, isso é entrega. E é isso! Então, um milagre acontece: se você não luta contra a vida, a vida simplesmente vai ajudar você, vai levá-lo sobre os ombros.

Você já viu um cadáver flutuando no rio? Já descobriu o segredo do homem morto? Quando estava vivo, ele se afogou no rio, naturalmente. Talvez não soubesse lutar; não soubesse nadar, então ele se afogou no rio. Deve ter se debatido, deve ter tentado com todo empenho sair dali, mas se afogou. Agora ele está morto e está flutuando na superfície. O que aconteceu? Parece que, quando ele estava vivo, não sabia o segredo. Agora ele sabe; agora o rio não o afoga mais.

Se você não luta contra a vida, a vida simplesmente vai ajudar você, vai levá-lo sobre os ombros.

O melhor nadador é aquele que sabe se comportar no rio como se estivesse morto – como se estivesse morto! –, então o rio leva você.

Isso é entrega: viver como se estivesse morto, viver sem nenhum apego, viver sem possessividade, viver sem se agarrar a nada, viver com alegria.

Quem vê nada, diz nada, ouve nada, simplesmente ultrapassa o Buda.

Se você conseguir flutuar com o rio, sem querer fazer uma casa sobre ele, esse milagre vai acontecer. *Quem vê nada...* Você será capaz de ver o que não pode ser visto. E você será capaz de ver que, quando isso acontece, quem vê também desaparece. Você será capaz de ver o que não pode ser chamado de quem vê.

Esta é a trindade da experiência: o conhecedor, o conhecido e o conhecimento. Essa é a trindade da experiência. Se a pessoa fica totalmente relaxada, essa trindade desaparece. Não há mais ninguém que seja o conhecedor e não há mais nada que seja conhecido; só há o saber. O conhecedor e o conhecido se dissolveram no saber. Todos os substantivos se dissolveram nos verbos da vida.

Quem vê nada, diz nada... Há uma experiência que não é uma experiência, que você não pode chamar de experiência. Buda nunca fala de Deus, porque falar de Deus é errado, é falsificar, é passar uma ideia falsa, é trair. Deus é algo que ninguém jamais viu. É algo que só é visto quando quem vê desaparece; é algo que vem à sua visão só quando você não está lá. É absoluta unidade, não há uma divisão entre experiência e experienciado, entre observado e observador. Todas as distinções, todas as dualidades, desapareceram. Como você pode dizer alguma coisa sobre isso? *Diz nada...*

É por isso que o sábio diz mil e uma coisas sobre mil e uma coisas, mas nunca diz nada sobre a verdade. Nada pode ser dito sobre ela.

O sábio é a verdade. Você pode partilhá-la com ele, pode sorver tanto quanto quiser dele, pode viver próximo a ele e ser transformado por estar perto dele, mas não há nada que possa ser dito sobre a verdade. O Tao que pode ser dito não é o verdadeiro Tao. A verdade que é pronunciada torna-se no mesmo instante uma mentira.

Quem vê nada, diz nada, ouve nada, simplesmente supera o Buda. Buda é a absoluta transcendência de tudo – até Buda está incluído nesse "tudo". A pessoa torna-se um buda apenas quando transcende o estado búdico.

Repare. Se alguém diz "eu atingi o estado búdico" e se apega a isso como a uma experiência, essa pessoa ainda não atingiu esse estado; esse estado ainda faz parte do mundo da experiência. O ego ainda persiste, talvez tenha se tornado muito sutil, mas ainda está lá. O verdadeiro Buda é aquele que desapareceu – desapareceu como experimentador. Essa é a superação absoluta, e nessa superação a pessoa é Deus.

O Deus com que estamos muito acostumados é a nossa própria imaginação; não é o verdadeiro Deus. O Deus dos cristãos e dos hindus e dos budistas não é o verdadeiro Deus. O verdadeiro Deus é o Deus sobre o qual nem uma única palavra jamais foi pronunciada. O Deus da Bíblia e dos Vedas e do Alcorão não é o verdadeiro Deus. O verdadeiro Deus é aquele sobre o qual sempre se manteve silêncio absoluto. Os nossos deuses são criações nossas.

Eu ouvi...

Uma mulher de Manhattan morreu e quis deixar todos os seus bens para Deus. Para transferir o patrimônio abriu-se um processo e Deus foi nomeado uma das partes. A intimação foi expedida e tomaram-se as devidas providências para que ela fosse entregue. O relatório final declarou: "Depois de busca devida e diligente, Deus não pôde ser encontrado na cidade de Nova York".

Mas esse é o tipo de Deus que as pessoas estão procurando. Que tipo de Deus você está procurando? Você tem uma certa imagem em sua mente, de que ele vai estar tocando flauta, será como Krishna ou vai ser apenas uma forma ampliada de Jesus Cristo ou ser assim ou assado. Você está simplesmente repetindo os gestos vazios da religião; a religião de verdade não possuiu a sua vida ainda.

O verdadeiro Deus não pode ser imaginado; o verdadeiro Deus só acontece quando toda a imaginação deixou de existir. O verdadeiro Deus não pode ser visto; o verdadeiro Deus só pode ser visto quando quem vê não existe mais. O verdadeiro Deus não pode se tornar um objeto – reduzir Deus a um objeto é destruí-lo, é matá-lo, é aniquilá-lo. O Deus verdadeiro sempre acontece no núcleo mais profundo da sua subjetividade – não lá, mas aqui; não depois, mas agora. Não fora, mas dentro. "Dentro" é também só por um instante. Depois que a divindade aconteceu, esse "dentro" também desaparece. Não existe mais nada exterior, nem nada interior: tudo é uma coisa só.

Esta é a função de um mestre: deixá-lo alerta daquilo que não pode ser dito, daquilo que não pode ser descrito. Um grande amor é necessário, uma grande empatia é necessária com relação ao mestre. Só então essas coisas inimagináveis, essas coisas indescritíveis, essas coisas indefiníveis podem ser entendidas.

O mestre não pode dar a você a divindade, mas ele pode fazer seu coração arder com o desejo de encontrá-la.

> Um jovem vendedor estava aborrecido. Ele tinha perdido uma importante venda que supunha garantida. Ao discutir o assunto com o seu supervisor, o vendedor deu de ombros e disse: "Pode-se levar um cavalo à água, mas não se pode obrigá-lo a beber".
>
> "Pelo amor de Deus!", gritou o supervisor. "Quem lhe disse para fazê-lo beber? Seu trabalho era deixá-lo com sede!"

Esse é o trabalho de um mestre; fazer você ficar sedento por algo invisível. É um tipo muito louco de sede; você não pode logicamente provar nada. É um tipo de infecção; aos poucos, lentamente, algo contagioso entra em seu ser. O olhar do mestre, um gesto pego num momento em que você estava em total silêncio e o tráfego mental já não estava tão intenso – apenas uma pausa, um silêncio, um ponto final e algo começa a se agitar em você.

O mestre está lá, fora de você. Sua própria presença começa a agitar algo que estava adormecido há muito tempo. A pessoa começa a surgir, abre os olhos. É uma relação muito estranha estar com um mestre, a mais estranha de todas, porque o mestre não existe mais e o discípulo existe demais. Lentamente, muito lentamente, o nada do mestre domina o discípulo: vendo a beleza do nada, o discípulo começa a abrir mão de ser alguém.

Relatam um incêndio numa casa. Dentro, um homem estava dormindo. Eles tentaram levá-lo para fora pela janela, mas não conseguiram. O homem era grande e pesado. Tentaram passá-lo pela porta, mas não conseguiram. Ele estava em sono profundo e, você sabe, quando um homem está dormindo, ele fica muito pesado. E se está acordado, você pode carregá-lo com facilidade.

Já reparou? Basta levar no colo uma criança pequena quando ela está acordada; ela é leve. Carregue a mesma criança quando ela está dormindo e ela é pesada. O sono confere um peso maior à pessoa; talvez o sono esteja mais em sintonia com a gravitação da Terra, a consciência está mais em sintonia com a levitação do céu. Essas palavras não são usadas de uma forma científica, apenas metaforicamente, mas sempre que uma pessoa desperta ela fica muito leve. Se você carregar alguém que está em coma, então vai saber, porque fica quase impossível carregá-la.

Eles tentaram tirá-lo pela janela, mas não conseguiram. Tentaram passá-lo pela porta, mas não conseguiram. Um homem sábio disse, "Acordem o homem! Ele sairá por si mesmo".

Esse é o propósito do mestre. Com a sua consciência, com o impacto de sua consciência, o sono do discípulo aos poucos, lentamente, se dissipa, se dispersa. A luz do mestre provoca a sua luz; o silêncio do mestre evoca o seu silêncio.

Lembre-se, o mestre não está fazendo nada em particular. Ele está apenas existindo no momento; tudo acontece por conta própria. Mas o discípulo tem que estar muito vigilante, tem que estar muito, muito atento. O discípulo tem que estar muito, mas muito focado e concentrado. Deve permanecer com os olhos abertos, sem piscar. O discípulo tem que estar quase numa espécie de paixão profunda, tão alerta quanto quando se está apaixonado: o mundo todo desaparece e só o ser amado existe.

A menos que o mestre seja o seu amado, seu amante, a menos que toda a sua energia esteja se movendo em direção a ele, a transformação não será possível. Você tem que prestar atenção a cada gesto, a cada nuance.

> Billroth, o cirurgião vienense, disse uma vez aos alunos que um médico precisa ter dois talentos: ter estômago forte e poder de observação. Depois ele mergulhou os dedos num fluido amargo e nauseante e lambeu-os, solicitando que os alunos fizessem o mesmo. Todos fizeram sem vacilar.
>
> Com um sorriso, Billroth disse: "Vocês passaram no primeiro teste com louvor, mas não no segundo, pois nenhum de vocês reparou que eu mergulhei um dedo no líquido, mas lambi o outro".

Sim, a pessoa tem que estar muito, mas muito atenta na presença do mestre para notar cada gesto, porque nesses gestos está a verdadeira mensagem. A maneira como ele anda, a maneira como ele se senta, a maneira como ele olha para você, o jeito como ele é. O que ele diz é secundário; o mais importante é o que ele é, isso é fundamental. Portanto, aqueles que estão absortos em seus argumentos, em suas palavras e teorias, em suas expectativas, continuam sem entender nada.

> *Mais frágil e ilusório do que números escritos na água, é buscar a felicidade búdica no outro mundo.*
>
> *Já não há, sobre o coração, nenhuma nuvem suspensa, e nenhuma montanha para a lua se esconder atrás.*
>
> *No nosso caminho por este mundo, do nascimento à morte, não temos nenhuma companhia; solitários morremos, sozinhos nascemos.*
>
> *A grande inundação avança, mas entregue-se e você flutuará sobre ela.*
>
> *Quem vê nada, diz nada, ouve nada, simplesmente ultrapassa o Buda.*

Transcenda o Buda! Quero enfatizar isso aqui – transcenda o Buda, porque esse é o verdadeiro estado búdico, quando você superou o próprio Buda. Essa fonte eterna está à sua disposição. Você tem sorte. Não a perca.

Basta por hoje.

Sobre **OSHO**

Osho desafia categorizações. Suas milhares de palestras abrangem desde a busca individual por significado até os problemas sociais e políticos mais urgentes que a sociedade enfrenta hoje. Seus livros não são escritos, mas transcrições de gravações em áudio e vídeo de palestras proferidas de improviso a plateias de várias partes do mundo. Em suas próprias palavras, "Lembrem-se: nada do que eu digo é só para você... Falo também para as gerações futuras".

Osho foi descrito pelo *Sunday Times*, de Londres, como um dos "mil criadores do século XX", e pelo autor americano Tom Robbins como "o homem mais perigoso desde Jesus Cristo". O jornal *Sunday Mid-Day*, da Índia, elegeu Osho – ao lado de Buda, Gandhi e o primeiro-ministro Nehru – como uma das dez pessoas que mudaram o destino da Índia.

Sobre sua própria obra, Osho afirmou que está ajudando a criar as condições para o nascimento de um novo tipo de ser humano. Muitas vezes, ele caracterizou esse novo ser humano como "Zorba, o Buda" – capaz tanto de desfrutar os prazeres da terra, como Zorba, o Grego, quanto de desfrutar a silenciosa serenidade, como Gautama, o Buda.

Como um fio de ligação percorrendo todos os aspectos das palestras e meditações de Osho, há uma visão que engloba tanto a sabedoria perene de todas as eras passadas quanto o enorme potencial da ciência e da tecnologia de hoje (e de amanhã).

Osho é conhecido pela sua revolucionária contribuição à ciência da transformação interior, com uma abordagem de meditação que leva em conta o ritmo acelerado da vida contemporânea. Suas singulares meditações ativas **OSHO** têm por objetivo, antes de tudo, aliviar as tensões acumuladas no corpo e na mente, o que facilita a experiência da serenidade e do relaxamento, livre de pensamentos, na vida diária.

Dois trabalhos autobiográficos do autor estão disponíveis:

Autobiografia de um Místico Espiritualmente Incorreto, publicado por esta mesma Editora.
Glimpses of a Golden Childhood (Vislumbres de uma Infância Dourada).

OSHO
International Meditation Resort

Localização

Localizado a cerca de 160 quilômetros a sudeste de Mumbai, na florescente e moderna cidade de Puna, Índia, o **OSHO** International Meditation Resort é um destino de férias diferente. Estende-se por 28 acres de jardins espetaculares numa bela área residencial cercada de árvores.

OSHO Meditações

Uma agenda completa de meditações diárias para todo tipo de pessoas, segundo métodos tanto tradicionais quanto revolucionários, particularmente as Meditações Ativas **OSHO**®. As meditações acontecem no Auditório **OSHO**, sem dúvida o maior espaço de meditação do mundo.

OSHO Multiversity

Sessões individuais, cursos e *workshops* que abrangem desde artes criativas até tratamentos holísticos de saúde, transformação pessoal, relacionamentos e mudança de vida, meditação transformadora do cotidiano e do trabalho, ciências esotéricas e abordagem "Zen" aos esportes e à recreação. O segredo do sucesso da **OSHO** Multiversity reside no fato de que todos os seus programas se combinam com a meditação, amparando o conceito de que nós, como seres humanos, somos muito mais que a soma de nossas partes.

OSHO Basho Spa

O luxuoso Basho Spa oferece, para o lazer, piscina ao ar livre rodeada de árvores e plantas tropicais. Jacuzzi elegante e espaçosa, saunas, academia, quadras de tênis... tudo isso enriquecido por uma paisagem maravilhosa.

Cozinha

Vários restaurantes com deliciosos pratos ocidentais, asiáticos e indianos (vegetarianos) – a maioria com itens orgânicos produzidos especialmente para o Resort **OSHO** de Meditação. Pães e bolos são assados na própria padaria do centro.

Vida noturna

Há inúmeros eventos à escolha – com a dança no topo da lista! Outras atividades: meditação ao luar, sob as estrelas, shows variados, música ao vivo e meditações para a vida diária. Você pode também frequentar o Plaza Café ou gozar a tranquilidade da noite passeando pelos jardins desse ambiente de contos de fadas.

Lojas

Você pode adquirir seus produtos de primeira necessidade e toalete na Galeria. A **OSHO** Multimedia Gallery vende uma ampla variedade de produtos de mídia **OSHO**. Há também um banco, uma agência de viagens e um cyber café no *campus*. Para quem gosta de compras, Puna atende a todos os gostos, desde produtos tradicionais e étnicos da Índia até redes de lojas internacionais.

Acomodações

Você pode se hospedar nos quartos elegantes da **OSHO** Guesthouse ou, para estadias mais longas, no próprio *campus*, escolhendo um dos pacotes do programa **OSHO** Living-in. Há além disso, nas imediações, inúmeros hotéis e *flats*.

http://www.osho.com/meditationresort
http://www.osho.com/guesthouse
http://www.osho.com/livingin

Para mais informações: http://www.OSHO.com

Um *site* abrangente, disponível em vários idiomas, que disponibiliza uma revista, os livros de Osho, palestras em áudio e vídeo, **OSHO** biblioteca *on-line* e informações extensivas sobre a **OSHO** Meditação. Você também encontrará o calendário de programas da **OSHO** Multiversity e informações sobre o **OSHO** International Meditation Resort.

Websites:

http://OSHO.com/AllAboutOSHO

http://OSHO.com/Resort

http://OSHO.com/Shop

http://www.youtube.com/OSHOinternational

http://www.Twitter.com/OSHO

http://www.facebook.com/pages/OSHO.International

Para entrar em contato com a
OSHO International Foundation:

http://www.osho.com/oshointernational

E-mail: oshointernational@oshointernational.com